アミューズからデザートまで
現代フランス料理の最新加熱テクニック

火入れの探究
La Cuisson

旭屋出版

アミューズからデザートまで
現代フランス料理の
最新加熱テクニック

火入れの探究

アミューズと前菜
AMUSE-GUEULES ET ENTRÉES

- 01 フォワグラの小さなテリーヌ　栗の渋皮煮と塩のシャンティ …… 6
- 02 ハマグリのコンフィ　生ハムのコンソメと共に …… 8
- 03 イカ墨のエクレアに詰めたブーダン・ノワール …… 10
- 04 ポワローとアワビのテリーヌ　肝のソース …… 12
- 05 毛ガニのサラダ …… 14
- 06 ロニョン・ド・ヴォーのポシェ …… 16
- 07 昆布森の真ガキのポシェ　枝豆のピュレとアボカドのマヨネーズ …… 18
- 08 サワラのルーロと海藻バター …… 20
- 09 トリュフ風味のポンムピュレとフォワグラのポワレ …… 22
- 10 卵のすべて …… 24

スープ
SOUPES ET POTAGES

- 11 かぶのスープ …… 28
- 12 ラタトゥイユのコンソメ …… 30
- 13 セップのヴルーテ …… 32
- 14 フォワグラ、オニオン・キャラメリゼとパンのムース、パルメザンの泡 …… 34
- 15 栗拾いと栗のポタージュ …… 36

魚料理
POISSONS

- 16 強火の炭火で焼き上げた脂ののったサバ　バーボンの香りをまとわせて　柚子のコンディマン …… 40
- 17 ルー・キャビア …… 42
- 18 神奈川県佐島産アマダイの松笠焼き　ジロール、毛ガニ、黄ニラのナージュ仕立て …… 44
- 19 カマスと焼きなすのルーロー　ペリグー・ソース …… 46
- 20 ノドグロのコンフィ　サフラン入りムール貝のソース …… 48
- 21 サワラのミ・キュイ　地ハマグリと春菊のソース …… 50
- 22 昆布締めした山口県萩市産アマダイ　スミレ香る赤ワインソースとミニ大根のコンフィ …… 52
- 23 アズキハタのロースト　かぶのコンソメ …… 54
- 24 サワラのポワレ　菊芋のソース …… 56
- 25 アカハタの蒸し焼き …… 58

肉料理 VIANDES

- 26　ブフ・ブルギニオン …… 63
- 27　子鳩の唐揚げ …… 66
- 28　足寄町石田めん羊牧場サウスダウン種仔羊肩肉のロティ　モン・サンミッシェル産ムール貝 …… 68
- 29　ひな鶏とオマールの低温調理　クレーム・ド・オマールとオゼイユ …… 70
- 30　自家製アンデュイエット　ソース・ポワヴラード …… 72
- 31　熟成シカのロティ　ビーツのソース …… 74
- 32　豚足のマデラワイン煮込み …… 76
- 33　マダム・ビュルゴーのシャラン鴨胸肉のロティ・ブレゼ　オリーブ・リュック風味 …… 78
- 34　ラカン産ピジョンの炭火焼き　その内臓のソース …… 80
- 35　ブレス産若鶏を2種の調理法で …… 82
- 36　ブレス産子鳩のフリット　セップ茸　アバのクーリ …… 84
- 37　蝦夷シカのソテー　バラの香り …… 86

デザート DESSERTS

- 38　プティ・ガトー・ショコラとキャラメル、アマレット風味のエスプーマ …… 90
- 39　フォンダン・ショコラ …… 92
- 40　カヌレ　自己流 …… 94

8人のシェフ、火入れについて熱く語る …… 97
最強の加熱マシン …… 106
カラーページで紹介した料理の詳しいルセット …… 108

本書での各オーブンの表記
- **オーブン**……………………ガスの上火、下火で加熱するタイプ。
- **コンベクションオーブン**…庫内に対流を起こし、熱を循環させるタイプ。スチームコンベクションオーブンを蒸気を入れずに使用する場合にも同様に表記。
- **スチームコンベクション**…コンベクションオーブンに蒸気を発生させて使用する場合。

科学と古典を組み合わせた「攻めの火入れ」が時代をリードする

　パリ「アルページュ」のシェフ、アラン・パッサール氏が低温・長時間加熱を提唱し、3つ星を獲得した1996年以来、火入れの基本概念は一変した。肉、魚のローストで鉄則とされていた「リソレで表面を焼き固め、高温のオーブンでアロゼしながら焼く」という方法が、じつは科学的には誤りであると真っ向から否定されたのである。

　そこからシェフたちは、「素材にストレスを与えない」の合言葉のもと、従来の調理技術を根本から見直し、加熱中の乾燥と収縮をいかに回避し、どうすればよりソフトに、もっとジューシーに仕上げられるかに心血を注ぐようになった。

　低温・長時間加熱の流行とともに普及したのが、加熱調理の数値化だった。タンパク質の凝固、分水作用などの科学的なデータに基づき、温度と時間を厳密に管理した火入れがはじまったのである。スチームコンベクションを筆頭に、温度を正確に、しかも自動で管理できる調理機器の発達も、この風潮を後押した。

　そして、現在。火入れは次なるステップへと進化を遂げようとしている。フランス料理の古典的な技術と低温調理、徹底した温度管理を組み合わせた複合的な火入れが注目を集めているのだ。

　一度は否定された「表面を焼き固める」という作業は、「メイラード反応」という科学用語に姿を変え、再び台頭しはじめた。肉汁を閉じ込めるためではなく、褐変によって香ばしさを生み出す工程として歓迎されるようになったのである。ほかにも、舌で感じる温かさや食感といった、火入れによって生じる変化を積極的においしさへつなげるなど、「素材にストレスを与えない」だけにとどまらない、「攻めの火入れ」をシェフたちは探究しはじめている。

　数々の技術をかけ合わせることで、ますます多様化する火入れ。現代フランス料理の最前線に立つシェフ8人の独自のテクニックを追う。

アミューズと前菜

AMUSE-GUEULES ET ENTRÉES

01 フォワグラ ▶ Cuire à 70℃ — 6
02 ハマグリ ▶ Confire à 63℃ — 8
03 豚血 ▶ Cuire à 160℃ — 10
04 ポワロー ▶ Vapeur à 110℃ — 12
05 毛ガニ ▶ Vapeur à 85℃ — 14
06 ロニョン・ド・ヴォー ▶ Pocher à 65℃ — 16
07 真ガキ ▶ Pocher à 56〜60℃ — 18
08 サワラ ▶ Cuire à 60℃ — 20
09 じゃがいも ▶ Bouillir — 22
10 卵白 ▶ Cuire à 75℃、卵黄 ▶ Vapeur à 64℃ — 24

Foie gras

フォワグラ

ディッシュウォーマー 70℃で25分間、芯温38℃に上げる

バットに均等に広げ、均一に加熱しながら余分な脂だけを溶かす。

作り方

1. フォワグラは室温に戻し、バットにのせ、開いて血管をすべて取り除く。
2. フルール・ド・セル、カソナード、コニャックをふり、冷蔵庫で一晩マリネする。
3. 冷蔵庫から出したらすぐ70℃のディッシュウォーマーに入れ、均一に熱が入るようバットの向きを何度か変えながら約25分間温め、芯温を38℃にする。

4. ザルにあけて脂を切り、ザルに入れたまま冷蔵庫で10分冷まして粗熱を取る。

5. ラップを敷いた型にフォワグラを詰め込み、型を叩いて空気を抜く。さわりすぎると食感が悪くなるので手早く作業すること。

6. 冷蔵庫で1〜2時間休ませる。
7. 上に重しをし、冷蔵庫で1〜2日寝かせる。

まわりに栗の渋皮煮とパンデピスパウダーをまとわせた香り豊かなテリーヌ。

フォワグラのテリーヌを小さな型で作ると、急激に火が入って失敗しやすい。そこで、先に火入れしてから型に詰めて固める方法を思いついた。フォワグラをバットに薄く広げ、70℃でゆっくり火を入れる。これなら状態を実際に目でつぶさに確かめながら加熱でき、余分な脂だけを的確に抜ける。加熱にはディッシュウォーマーを使用。温度を細かく設定できるディッシュウォーマーは、意外にも加熱調理にうってつけだ。スチームコンベクションやオーブンをフル稼働させている営業中にテリーヌを仕込めるのも利点である。（生井）

詳しいルセットは108ページ

01 CHIC peut-être　生井祐介
フォワグラの小さなテリーヌ 栗の渋皮煮と塩のシャンティ

FOIE GRAS / MARRON / PAIN D'EPICE

Palourde

ハマグリ

オリーブオイルで20〜30分間コンフィ、芯温63℃に上げる

ゆっくり時間をかけて徐々に温度を上げ、生のなめらかな食感を保たせながら甘味を引き出す。

作り方

1. 鍋の底に網を敷いて常温のオリーブオイルを入れ、殻から出したハマグリのむき身を並べる。
2. プラックの端に鍋を置き、20〜30分間かけて芯温をゆっくり63℃まで持っていく。

3. 油を切ってスープ皿に盛り、岩塩をふってまわりに熱いコンソメを注ぐ。

食感はほとんど生と変わらず、極上のなめらかさ。

生ハマグリのなめらかな食感を保ちながら、加熱によって得られる甘味と旨みを引き出したい。蒸しても焼いてもなかなか理想の味わいに近づけなかったが、ついにたどり着いたのは意外にもシンプルなコンフィだった。オリーブオイルに浸して芯温を63度まで持っていく。食感と甘味のベストバランスに達するのがこの温度である。これよりも上がると筋繊維が収縮して弾力が出てしまう。みずみずしい食感を保たせるには、できるだけ時間をかけてゆっくり温度を上昇させるのがポイントだ。この手法は貝以外に、甘エビやシマエビなどにも有効。ねっとりとした食感のエビ類は火入れによってボソボソになりがちだが、コンフィならなめらかな食感が得られる。エビの場合は芯温38度が最適である。（下野）

詳しいルセットは113ページ

02 à nu, retrouvez-vous　下野昌平
ハマグリのコンフィ　生ハムのコンソメと共に

CONFIT DE PALOURDE,
CONSOMMÉ DE JAMBON CRU

Boudin noir

ブーダン・ノワール生地

生地に豚血を加え、ごく短時間煮る

ほんのり濃度がついた程度で火からはずし、加熱過多を防ぐ。

テリーヌ型で160℃45分間焼成

湯煎で長時間加熱し、仕上がりの状態を安定させる。

作り方

1 豚の背脂を細挽きにし、鍋に入れて弱火でゆっくりと煮溶かす。

2 玉ねぎ、にんにくを加え、強火で炒める。水分が出てきたら弱火にし、塩を加えて水分が飛ぶまで炒める。

3 キャトル・エピス、黒こしょう、ナツメッグ、パセリを加えて炒め、パセリの香りが出たら生クリーム、牛乳で溶いたコーンスターチを加え、軽く沸騰させて濃度をつける。

4 豚血を一度に加えて泡立て器で混ぜ合わせ、ほんの少し濃度がついたところで火からはずす。

5 ラップを敷き込んだテリーヌ型に流し、蓋をする。湯を張って布を敷いたバットにのせて湯煎にし、160℃のオーブン（下火のみ）で45分間加熱する。

6 型を氷水に浸けて急冷し、粗熱が取れたら冷蔵庫で冷やす。

テリーヌ型を使ってじっくり火を入れ、ごくなめらかな舌ざわりに仕上げる。

ブーダン・ノワールの生地を腸詰めせずにテリーヌ型で火入れし、イカスミのエクレアに詰めた。テリーヌ型で焼くメリットはふたつ。ひとつは、容積が大きいため、腸詰めよりも長時間加熱でき、仕上がりが安定すること。ふたつめは、腸詰めのように仕上げにゆでる必要がなく、腐敗の最大の原因である水分を遮断できること。長期保存が可能になり、小分けにして真空にかければ2週間はもつ。豚血は65℃を超えると一気に固まりはじめるので、生地に豚血を加えてからはスピード勝負。余熱も計算し、ほんの少し濃度がついたところですぐに火からはずし、型に流し終えたとき、鍋底に血の固まりが残らないように素早く作業する。

（北野）

03 le vin quatre　北野智一
イカ墨のエクレアに詰めたブーダン・ノワール

ÉCLAIR DE ENCRE LA SEICHE FOURÉ AU BOUDIN NOIR

Poireau

ポワロー

⇩

縦半分に切る

短時間で均一に火入れができるよう、あらかじめ切る。

110℃のスチームコンベクションで15分間加熱

鮮やかな色とねぎ本来の香り、食感を残す。

作り方

1　ポワローの一番外側のかたい葉をはがし、縦に半割りにする。網に並べて全体に塩をふり、30分間常温におく。

2　110℃のスチームコンベクションで、約15分間加熱する。取り出して冷ます。

ポワロー本来の鮮やかな色と香り、歯ざわりを生かしたテリーヌ。ポワローは従来のように長時間ゆでると周囲の葉が溶けて色も悪くなるが、スチームコンベクションを使って短時間で蒸し上げれば、緑色の葉の部分も美しい色をキープできる。繊維が完全に壊れないため、食感と生のときに持っているねぎ本来の香りも残せるのがメリットだ。そのぶん、組み合わせたアワビは圧力鍋でごく柔らかく煮て、食感にコントラストをつけた。　　　　　　　　（谷）

詳しいルセットは108ページ

04 Restaurant TANI　谷　利道
ポワローとアワビのテリーヌ　肝のソース

TERRINE DE POIREAU

crabe

毛ガニ

スチームコンベクション 85℃で15分間

生きた状態を強火で一気に蒸し上げることで、身から水分が流出するのを防ぐ。

胴体だけを戻して さらに10〜15分間

脚は火が入りやすいので取りはずす。カニの大きさによって加熱時間を調整し、ジャストの時間に取り出す。

作り方

1 活毛ガニを85℃のスチームコンベクションで15分加熱し、いったん取り出して脚を取りはずす。

2 胴体をスチームコンベクションに戻し、さらに10〜15分間加熱する。火を入れすぎると身がパサパサになるので、ジャストの瞬間に取り出すこと。

3 殻から身とみそを取り出してほぐす。

蒸して旨みを閉じ込めたカニのむき身にアボカドを加え、マヨネーズであえ、濃厚な味わいに仕上げる。

甲殻類は生きた状態で加熱するのが絶対条件。死んだものは身の張りがすぐに抜けてしまうからだ。時間をかけすぎるとタンパク質が凝固する前に水分が流出してしまう恐れがあるので、強火で一気に蒸す。設定温度が高いぶん、わずかな加熱過多が身のパサつきを招く。脚と胴体をそれぞれジャストに火入れするのが難しい。早く火が入る脚は途中ではずし、胴体は状態を見ながら追加で加熱する。

（武田）

詳しいルセットは110ページ

05 Liberté a table de TAKEDA　武田健志
毛ガニのサラダ

SALADE DE CRABE

Rognon de veau

ロニョン・ド・ヴォー

⇩

65℃で10分間ポシェ

余分な血液だけを抜き、水分は逃がさない。弾力と旨み、香りが際立つ。

液体の中に10分間浸す

水分流出を防ぐため、ロニョン自体に先に塩をせず、休ませている間に液体中の塩分を内部に浸透させる。

作り方
1. ロニョンは脂とすじをすべて取り除き、ひと口大に切る。常温に戻す。
2. 鍋にフォン・ブランの2番、コニャック、しょっぱいと感じる量の塩、カイエンヌペッパーを入れ、70℃に温める。

3. ロニョンを入れ、液体の温度を65℃に保ちながら、約10分間ゆでる。
4. 火からはずして液体に浸したまま10分間休ませる。

若めのローストが一般的なロニョンだが、旨みと香りはよく加熱したほうが強くなる。水分を閉じ込めたまま深く火入れする手段として、たどり着いたのが低温ポシェだ。ローストとは異なる、プルンとした弾力が表現できる。65℃はロニョンが収縮をはじめる温度帯。収縮によって臭みを持つ余分な血だけが抜け、必要な水分は逃さない。水分が抜ける原因になるためロニョン本体には塩をせず、ゆで汁に強めの塩味をつけ、液体ごと冷ましながら味を含ませる。（谷）

キャベツ包みの中身は、生クリームで柔らかく煮込んだキャベツ。

詳しいルセットは110ページ

06 Restaurant TANI 谷 利通
ロニョン・ド・ヴォーのポシェ

ROGNON DE VEAU POCHÉ

Huitre

カキ

56℃から60℃への温度上昇に7〜8分間かけてポシェ

旨み成分が活性化する温度帯をできるかぎり時間をかけて通過させ、旨みを最大限に増幅させる。

液体ごと急冷

タンパク質が凝固しないよう、素早く温度を下げる。

作り方

1. 殻からはずしたカキと、かぶる程度のセロリ昆布だしを鍋に入れ、ごく弱火にかける。
2. 56℃から7〜8分間かけて60℃まで上げる。

3. 鍋ごと氷水で急冷する。粗熱が取れたらボウルにゆで汁ごと移して冷蔵庫で冷やす。

低温で旨みを凝縮したカキを、アボカドマヨネーズと白濁させた海水ジュレで包み込む。

生ガキのつるりとした食感と、加熱によって得られる濃厚さ。その両方を共存させるには、タンパク質は凝固させず、旨み成分だけを凝縮させる必要がある。カキの旨み成分がもっとも活性化するのは56〜60℃。その温度帯をできるだけ時間をかけて通過させることで、旨みを最大限まで引き出し、60℃に達したら急冷する。タンパク質が凝固する直前の温度で加熱をストップすることによって、完全に火が入ったときのように身は張らず、生よりややねっとりとした独特の食感が得られる。（生井）

詳しいルセットは111ページ

07 CHIC peut-être　生井祐介
昆布森の真ガキのポシェ 枝豆のピュレとアボカドのマヨネーズ

HUITRE / AVOCAT / GRAINE DE SOJA VERTE

Sawara

サワラ

ラップで密封し、オリーブオイルに沈める

液体の浮力を利用し、素材自体の重みによる水分流出を防ぐ。

スチームコンベクション 60℃で20分間、芯温45℃に上げる

水分流出の原因をすべて排除し、身の中に完全に閉じ込める。

作り方

1 サワラに軽く塩をふってラップで包み、浸る量のオリーブオイルに沈め、60℃のスチームコンベクションで約20分間、芯温45℃まで加熱する。

2 ラップをはずして常温で冷ます。

3 海藻バター15gを中心に広げ、ラップで丸めて成形し、冷蔵庫で冷やす。

サワラに関し、私が考えるジャストの火入れは芯温45℃。驚くほどしっとりし、フォークを入れるとほろりと簡単に崩れる状態が最上である。サワラなどの青魚は塩で締め、余分な水分を抜いてから調理することが多いが、究極のしっとり感を求めるなら、一滴の水分さえも逃したくない。とくに冷たい料理に仕立てるさいには、冷やす過程でどうしても水分が出てしまうため、温かい料理以上に水分保持に意識を向ける。今回は、塩で締めないのはもちろん、ラップで密閉してオリーブオイルの中に沈め、低温加熱という方法を採用した。油の中に沈める理由は、サワラ自体の重みで身が圧迫され、水分が流出するのを防ぐため。油の浮力の働きで、サワラに重みがかからなくなる。

（伊藤）

詳しいルセットは114ページ

08 gri-gri 伊藤 憲
サワラのルーロと海藻バター

ROULEAUX DE "SAWARA" ET BEURRE D'ALGUES

Pomme de terre

じゃがいも

1cm角に切って洗う

早く火が通るように小さく切り、表面のデンプン質を落として粘るのを防ぐ。

強火で5分間ゆでる

デンプン質が糖に変わる67℃を一気に通過させ、甘味を抑える。

粉吹き状にソテー

余分な水分を飛ばすことで、ピュレの口当たりがさらっと軽くなる。

作り方

❶ じゃがいもの皮をむき、1cm角に切る。流水にさらしてデンプン質を落とす。

❷ 2％の塩水に入れて強火にかける。沸騰してから約5分間ゆでる。

❸ 水気を切り、フライパンで色がつかないよう炒め、水分を蒸発させる。軽い粉吹き状になったら裏漉す。

❹ 生クリーム、バター、トリュフのみじん切りを沸騰させ、裏漉したじゃがいもを加えて混ぜ合わせる。塩で味を調える。

デンプン質が多い冬のじゃがいもは、ピュレにすると甘ったるく、ねっとり感が舌にまとわりつく。それを防ぐのが、コンカッセにして強火で一気にゆでる方法だ。デンプン質は67℃で糖に変わるため、その温度帯を素早く通過させれば甘味を抑えられ、じゃがいも本来の旨みがストレートに感じられる。さらに炒めて余計な水分を飛ばし、さらりとした口当たりに仕上げる。わずか10分で出来上がるのも魅力だ。粘りが少ないピュレなので、薄く伸ばしてオーブンで焼けばサクサク感の強いクルスティアンも作れる。（谷）

詳しいルセットは111ページ

09 Restaurant TANI 谷 利通
トリュフ風味のポンムピュレとフォワグラのポワレ

POMME DE TERRE PURÉE AUX TRUFFES ET FOIE GRAS

blanc d'œufs

卵白

作り方

1 卵白にアルブミナを加え、中速ミキサーで泡立てる。ある程度泡立ったら塩とトレハロースを3回に分けて加える。しっかり角が立ったらジェルエスペッサを加え、混ぜ合わせる。

2 シルパットの上に直径4cmのドーム形を16個絞り出す。

3 75℃のコンベクションオーブンで約6時間焼成する。

アルブミナ、ジェルエスペッサ、トレハロースでメレンゲを作る

泡の安定性と保形性を高める材料を利用して糖分を減らし、舌に感じる甘味を最小限に抑制する。

コンベクションオーブン75℃で6時間焼成

低温長時間で純白に焼き上げる。

アルブミナ（右）は、卵白の全成分の約65％を占めるタンパク質の1種「アルブミン」だけを抽出し、粉末にしたもの。乾燥卵白特有の臭いがないのも魅力。ジェルエスペッサ（左）は、キサンタンガムを中心に配合された増粘剤。水分に加えれば、加熱せずにとろみをつけられるので、ソース作りなどにも重宝する。どちらもスペイン・ソーサ社製。

糖分の量を極限まで減らし、甘くないメレンゲ・サレを作ってみた。ただやみくもに砂糖を減らすと泡の安定性が損なわれ、気泡がすぐに消えてしまう。そこで活躍するのが、アルブミナ（乾燥卵白）とジェルエスペッサ（増粘剤）、トレハロースだ。卵白の泡立ち成分であるタンパク質「アルブミン」を増強し、水分とタンパク質の結合を維持する働きを持つ増粘剤を添加することで、糖分を減らしてもきめ細かい泡を保持できる。さらに、グラニュー糖のかわりにトレハロースを使うことで糖分による安定性は維持したまま、甘味だけを抑制。通常のメレンゲより低温で焼いても形を保っていられるので、焦げた香りと色をつけずに、美しく仕上げられる。くり抜いたメレンゲの中には低温で蒸した卵黄を隠し、まわりにカラスミパウダー、ウニ、キャビアをのせた。さまざまな卵を盛り込んだ一皿である。（伊藤）

詳しいルセットは113ページ

10 gri-gri 伊藤 憲
卵のすべて

TOUT SUR LES ŒUFS

jaunes d'œufs

卵黄

スチームコンベクション 64℃で45分間蒸す

卵黄の粘度を上げ、ねっとりした独特の食感を引き出す。

割って卵黄だけを取り出す

ゼリー化した卵白は簡単に卵黄から分かれ、卵黄はさわっても割れずに形を保つ。

作り方

❶ 卵をバットに並べ、64℃のスチームコンベクションで45分間蒸す。

❷ 殻を割り、卵黄だけを使用する。

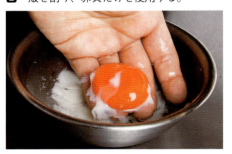

凝固した温泉卵とは異なり、粘度は上がるが流動性は残っている。

卵白と卵黄はそれぞれ凝固温度が異なる。卵白は58℃で白濁し、62℃でゼリー化、80℃で完全に凝固する。いっぽう、卵黄は64℃から粘度が増し、70℃で完全に凝固する。今回、メレンゲの中に隠した卵黄は、殻つきのまま64℃のスチームコンベクションで加熱したもの。かすかに火が入ってやや粘度が増し、ねっとりとした独特の食感が楽しめる。しかし、わずか1℃高い65℃に上がっただけで卵黄の凝固が進み、温泉卵の状態になってしまう。卵は、繊細な温度操作の重要性を再認識させてくれる食材である。

（伊藤）

スープ
SOUPES ET POTAGES

11 かぶ ▶ Pocher à 75〜80℃ —— 28
12 5種の野菜 ▶ Braiser à 250℃ —— 30
13 セップ茸 ▶ Sauter —— 32
14 フォワグラ ▶ Frire à 200℃, Cuire à 80℃ —— 34
15 和栗 ▶ Vapeur, Frire à 230℃ —— 36

Navets

かぶ

スチームコンベクション 75〜80℃で1時間ゆでる

生のかぶが持つ香りを残しつつ、加熱したかぶならではの甘味も引き出す温度帯でゆでる。

氷水で急冷

密閉したまま冷まし、揮発して容器中にたまった香りをかぶの中に戻す。

作り方

1 かぶの皮をむく。ステンレスの角ポットに塩水を張り、かぶを入れる。

2 水に落としラップをして、さらに角ポットの全体をラップで覆う。75〜80℃のスチームコンベクションで1時間ゆでる。

3 ラップをつけたまま容器ごと氷水に浸けて急冷する。

4 ミキサーにかけてピュレにする。

　根菜は加熱することによって甘味は強まるが、フレッシュのときに持っている香りは減ってしまう。それを防ぎ、かぶ本来のおいしさを余すことなく引き出すために、甘味が出はじめる温度と、香りが飛ぶ温度の中間を狙い、75〜80℃のスチームコンベクションで塩ゆでする。ポイントは、かぶと塩水を入れたポットをラップで完全に覆って密閉すること。加熱によって揮発した香りが容器内にとどまるので、密閉状態のまま氷水で急冷すれば、フレッシュな香りが素材の中に戻って閉じ込められる。（伊藤）

詳しいルセットは113ページ

11 gri-gri 伊藤 憲
かぶのスープ

Soupe de navets

Légumes

野菜
⇩

ガスオーブン250℃で30分間蒸し煮
野菜の風味が凝縮した水分を抽出する。

水分だけを別鍋に移す
こまめに水分を取り出し、煮込みの状態になるのを防ぐ。

水分がなくなるまで7〜8時間繰り返す
旨みを余すことなく抽出する。

作り方

1. なすは皮をむいて縦半割り、玉ねぎとトマトは横に半割り、セロリは長さを半分に切り、ピーマンは半割りにして種を取る。全部を鍋に入れ、塩とコリアンダーシードを加える。
2. 鍋に蓋をし、250℃のガスオーブンで30分間蒸し煮にする。
3. 野菜から出た水分を別の鍋にあける。
4. 2と3の作業を、野菜から水分が出なくなるまで7〜8時間繰り返す。水分は冷蔵庫で冷やす。

5. トマトと塩をミキサーにかけてジュースにし、ポットに移して一晩おくと固形分が下に沈む。透明な上澄みを紙で漉す。
6. 味を見ながら4に5を混ぜ合わせて味を決める。
7. 溶かした板ゼラチンを混ぜ合わせ、冷蔵庫で冷やし固めてジュレ状にする。

ラタトゥイユに半熟卵を落とすイメージで、仕上げに溶いた卵黄を注ぎかける。

野菜を蒸し煮し、液体だけを抽出した「飲むラタトゥイユ」。最新スペイン料理で知った「野菜を真空でゆで、抽出した液体をだしとして使う」という技法から着想を得て、5種類の野菜の抽出液をコンソメに仕立てた。見た目も透明で美しく、ただ煮込んだ野菜をミキサーにかけるより、クリアな味わいが得られる。最後に、生のトマトから旨みだけを抽出したジューを加えて味を決める。トマトは季節や産地によって味が変動するため、最初から全量を煮込まず、フレッシュな風味をエッセンスとして用い、味を安定させるのがポイントだ。

（下野）

詳しいルセットは109ページ

12 à nu, retrouvez-vous　下野昌平
ラタトゥイユのコンソメ

CONSOMMÉ DE RATATOUILLE

Cèpe

セップ茸

強火で一気にソテー

水分を閉じ込め、同時に香りを立たせる。

弱火で1/3量になるまで煮込む

必要以上に煮詰めすぎず、濃度がつく程度にとどめ、旨みを際立たせる。

作り方

1　セップ茸は大きめのざく切りに、玉ねぎは薄切りにする。
2　鍋にバターを溶かし、玉ねぎを色づかないように炒めてしんなりさせる。
3　フライパンにオリーブオイルを敷き、セップ茸を強火で炒めて一気に色づけ、香りを立てる。

4　炒めた玉ねぎに合わせ、フォン・ブラン、生クリーム、バターを加え、煮立ったら弱火で1/3量になるまで煮込む。

5　ミキサーで攪拌してピュレにし、シノワで漉して塩、こしょうで味を調える。

フォワグラのフランは極限まで柔らかく仕立て、ヴルーテの舌ざわりと一体化させる。

茸類のヴルーテの鉄則は、「炒めすぎない、煮込みすぎない」。茸はソテーすることによって風味や旨みは飛躍的に増すが、焦げて味が強すぎると素材自体の香りが負けてしまう。また、煮詰めすぎると茸のえぐみが全面に出てくる。セップ茸はなるべく大きく切って焦げ目がつく面積を減らし、強火で一気にソテーして香りを立たせ、同時に水分を内部に閉じ込める。ソテーによって旨みが十分引き出されているので、煮込むときも味を凝縮しすぎないのがポイントだ。

（武田）

詳しいルセットは112ページ　　32

13 Liberté a table de TAKEDA　武田健志
セップのヴルーテ

VELOUTÉ DE CÈPE

Foie gras

フォワグラ

グレープシードオイル 200℃で揚げる

瞬間的に表面のタンパク質を凝固させ、膜を作る。

コンベクションオーブン 80℃で芯温55℃に上げる

内側の脂を溶かし、とろけるようになめらかな食感に仕上げる。

作り方

1. フォワグラの大きなほうを3等分、小さなほうを2等分し、それぞれさらに2等分する。牛乳、ミネラルウォーター、塩を30〜35℃に温め、1時間漬け込む。
2. 水気を拭き取り、冷蔵庫で風を当てながら冷やし、表面を乾かす。
3. 200℃のグレープシードオイルで揚げ、表面に膜を作る。

4. 油を切って80℃のコンベクションオーブンに入れ、芯温55℃に上げる。

プルンと弾力はありながら、テリーヌにも負けないなめらかな食感。

フォワグラは30℃から脂が溶けはじめ、55℃を過ぎるとタンパク質が凝固し、脂は溶けすぎて抜けてしまう。そこで、フォワグラを最初に200℃の油で揚げ、表面のタンパク質を凝固させて膜を作ってから、80℃のコンベクションオーブンでロースト。内部の脂をゆっくり溶かし、脂が抜けるぎりぎりの温度である芯温55℃に持っていった。表面の膜によって溶けた脂は外に流出せず、なめらかでとろけるような食感が得られる。さらに、スープ仕立てにすることでフォワグラの温度をキープし、最後の一口までもっともよい状態で食べられるよう工夫した。（伊藤）

詳しいルセットは114ページ

14 **gri-gri　伊藤 憲**
フォワグラ、オニオン・キャラメリゼとパンのムース、パルメザンの泡

FOIE GRAS, JUS DE L'OIGNON CARAMÉLISER, MOUSSE AU PAIN,
ÉCUME DE PARMESAN

Châtaigne

栗

生栗をブイヨンで 10～15分間煮込む

柔らかく煮るうちに、フレッシュならではの香りが引き出される。

蒸し栗を加えて 10～15分間煮込む

ホクホクした甘味とコクが煮汁に溶け出る。

230℃の油で揚げた栗を 加えて煮込む

焦げる直前まで揚げ、香ばしさのピークをとらえて煮汁に加える。

和栗を生、蒸す、揚げるの3スタイルで加え、栗の風味を最大限に引き上げたポタージュである。生栗はフレッシュな味と香り、蒸し栗はコクと甘味、揚げ栗は豊かな香ばしさを持ち合わせる。最初は生栗をブイヨンで煮込み、次に蒸し栗、最後に揚げ栗というように加えるタイミングをずらし、それぞれの長所を生かした。殻つきの和栗は季節や産地で風味が微妙に異なり、仕上がりの味にばらつきが出るため、フランス製のマロンペーストを少量プラスして味わいを安定させる。つけ合わせは森の地面に落ちたイガ栗をイメージし、紅茶とポピーシードの中に揚げ栗を忍ばせた「栗拾い」。いっそう秋らしい風情を演出した。（岸本）

詳しいルセットは112ページ　36

15 L'EMBELLIR 岸本直人
栗拾いと栗のポタージュ

CHÂTAIGNE FRITS PARFUMÉ DE THÉ VERT : POTAGE CHÂTAIGNE

Châtaigne 栗

作り方

① 薄切りの玉ねぎをバターで色づかないよう炒めて甘味を出す。渋皮までむいた生栗を加え、さらに炒める。

② ブイヨン・ド・ヴォライユを加え、栗が柔らかくなるまで中火で煮る。

③ 蒸した栗を加え、10〜15分間煮込む。

④ 230℃に熱したサラダ油で蒸した栗を揚げる。全体が濃げ茶色に揚がったら煮汁に加え、さらに煮込む。

⑤ ミキサーで攪拌してピュレにし、粗い目のシノワで漉してコンソメで伸ばす。

牛乳の泡にトリュフオイルをたらし、さらに香り豊かに仕上げる。

魚料理
POISSONS

16 サバ ▶ Griller ―― 40
17 ヒラスズキ ▶ Vapeur à 55〜60℃ ―― 42
18 アマダイ ▶ Poêler à 200℃ ―― 44
19 カマス ▶ Vapeur, Griller ―― 46
20 ノドグロ ▶ Confier à 40℃ ―― 48
21 サワラ ▶ Rôtir à 300℃ ―― 50
22 アマダイ ▶ Cuire à 60℃ ―― 52
23 アズキハタ ▶ Blanchir à 85℃, Rôtir ―― 54
24 サワラ ▶ Cuire à 55℃, Poêler à 200℃ ―― 56
25 アカハタ ▶ Rôtir-pocher ―― 58

Maquereau

サバ

桜のチップで90秒間温燻

この段階では火入れせず、燻香をまとわせるのが目的。

強火の炭火の近火で炙る

バーボンを吹きつけた皮を炙り、瞬間的に香ばしい焦げ目をつけ、甘い香りを立たせる。

温かい場所で芯温を50℃に上げる

余熱で全体を均一な温度に温める。

燻香は十分にまとわせながらも、身には火を入れすぎず、しっとりジューシーに仕上げる。

作り方

1　フィレにおろしたサバを塩で3〜4時間締め、薄皮をはぐ。
2　桜のチップを敷いた鍋に網を渡し、皮を下にしてのせる。煙が出たら蓋をして90秒間燻し、冷蔵庫で冷やしておく。
3　皮面に1cm間隔で切れ目を入れて串を打ち、常温に30分間おく。
4　皮面にスプレーでバーボンウイスキーを吹きつける。強火の炭火の近火で皮面を焼き、香ばしい焼き色を瞬時につける。

5　引っくり返し、身の側は温まる程度にさっと焼く。

6　芯温が50℃になるまで温かい場所で休ませる。
7　盛りつける直前に再度皮を炙って香りを出す。

炭火のごく至近距離で魚を炙る。経験と勘が試される大胆な火入れだ。遠火では香ばしい焦げ目がつく前に身にも火が入り、水分が蒸発してパサつくため、瞬間的に皮だけを焦がし、休ませている間に身の中心まで熱を伝える。サバは焼く前に軽く燻製にかけ、皮にバーボンを吹きかける。相性のよいバーボンの甘い香りで燻香も引き立ち、より複雑なおいしさが生まれる。

（岸本）

詳しいルセットは115ページ

16 L'EMBELLIR 岸本直人
強火の炭火で焼き上げた脂ののったサバ
バーボンの香りをまとわせて 柚子のコンディマン

GROSSE DE MAQUEREAU GRILLÉ CONDIMENT DE YUZU

Loup

ヒラスズキ

⇩

作り方

❶ ごく少量の塩をふったヒラスズキをバットにのせ、ポマード状のバターを塗る。

❷ バットにラップをし、55〜60度のスチームコンベクションで芯温50℃になるまで蒸す。

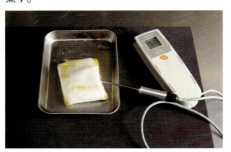

有塩バターを塗り、ラップで密閉

表面の乾燥を防ぎ、加熱中バターの油脂分と同時に塩分も内部にゆっくり浸透させる。

スチームコンベクション 55〜60℃で芯温50℃に

水分の流出を最少限に抑え、最高のふっくら感が得られる。

ふんわりした食感のヒラスズキ、優しい味わいのソース、高貴なキャビアの三位一体。

軽い酸味と優しい味わいを持つシャンパン・ソースには、繊細な身質の白身魚が相性抜群。さらにその繊細さを生かすには、ふんわりと仕上がる蒸し煮が最適だ。ヒラスズキの場合、最高の状態を得るには芯温50℃がベスト。ごく少量の水分流出も結果に大きく影響するため、塩味にも細心の注意を払う。ふる塩はごく少量にとどめ、かわりに有塩バターを表面に塗ってラップで覆って蒸し上げる。油脂分で表面を保護すれば乾燥と水分流出を防げるうえ、油脂と一緒に塩分も魚の内部にゆっくり浸透させられる。

（伊藤）

詳しいルセットは122ページ

17 gri-gri 伊藤 憲
ルー・キャビア

Le filet de loup au caviar

AMADAI

アマダイ

1cmのオリーブオイル 200℃で皮側から揚げ焼く

うろこが立ってきつね色になるまで多めの油で揚げ焼きし、サクサクとした食感を引き出す。

身側を弱火で1分30秒間焼く

オイルを捨て、身はできるだけ弱火で火を入れ、パサつきを最小限にとどめる。

作り方

1. アマダイに塩、こしょうをふり、うろこを包丁で起こしながら1/3量程度を間引きする。こうしてうろこを減らすと、焼いたときに油がうろこと皮の間にまわりやすくなる。
2. フライパンにオリーブオイルを1cmほど入れ、強火で煙が立ちはじめるまで(約200℃)熱する。
3. アマダイの皮側から焼く。うろこがきれいに立ち、うろこに接した身がきつね色になるまで、約6分間かけて7割がた火を入れる。

4. 引っくり返して油を捨て、身は弱火で1分30秒間、ゆっくり火を通す。

皮だけでなく、皮に接した身までもきつね色になるまで香ばしく焼き上げる。

いま主流になっているキュイソン・ナクレとは対極の、しっかり火を入れた魚のおいしさを表現したい。そこで日本料理の手法を取り入れ、松笠焼きにしてみた。松笠焼きのおいしさは、うろこのサクサクした食感にある。1cm深さのオリーブオイルを煙が立ちはじめる200℃まで熱して魚を投入し、一気にうろこを立たせるのがポイントだ。これだけの高温だから、皮面を加熱している間に身側にも火が入っていくが、しっとり感より加熱によって引き出される香りを優先する。ソースも和風を意識して葛粉を使用。とろみをつけることで冷めづらくし、熱々のおいしさを楽しんでもらう。 (荒井)

詳しいルセットは115ページ

18 HOMMAGE 荒井 昇
神奈川県佐島産アマダイの松笠焼き
ジロール、毛ガニ、黄ニラのナージュ仕立て

ECAILLE DE AMADAI À LA NAGE

Barracuda japonais

カマス

⬇

ラップで包み、鍋で5分間蒸す

高温で蒸し、余分な脂を抜く。

強火の炭火で炙る

皮をパリッとさせ、炭の香りをまとわせる。

作り方

1. なすを炭火で焦げるまで焼き、皮をむいて4センチ幅に切る。
2. カマスの皮目に細かい切れ目を入れ、身を上にして塩、こしょうし、なすをのせて巻く。
3. ラップで包み、鍋で5分間蒸す。

4. ラップをはずして余分な脂を切り、串を打って強火の炭火で皮面だけを炙る。

蒸した魚ならではのふんわり感と炭火の香ばしさが同時に味わえる。

蒸した魚のふっくらした味わいと、炭火焼きの香ばしさを共存させた一皿。カマスのように脂がのった冬の魚を蒸すときは、高温で一気に加熱するのがいい。高温で蒸すと水分が抜けて固くなると思いがちだが、脂が多い魚の場合、脂で筋繊維が保護されるため固くはならない。カマスで焼きなすを巻いて蒸せば、身から出る脂をなすが吸収し、なす自体の味もよくなる。仕上げの炭火焼きでは、皮面だけに集中。火をよく起こし、身に火が入る前に一気に皮面を色づけ、独特の香りをまとわせる。

（下野）

詳しいルセットは117ページ

19 à nu, retrouvez-vous 下野昌平
カマスと焼きなすのルーロー　ペリグー・ソース

ROULEAU DE BARRACUDA JAPONAIS ET D'AUBERGINES CUITES, SAUCE PÉRIGUEUX

Nodoguro

ノドグロ

↓

オリーブオイルに浸し、40℃になるまでコンフィ

身に火が入りやすいよう、あらかじめ全体の温度を均一に温めておく。

オイルに浸けたまま、サラマンダーの近火で1分間焼く

身はオイルで保護して乾燥を防ぎながら加熱し、皮は水分を飛ばして香ばしく焼き上げる。

作り方

1. ノドグロの皮に塩、こしょうし、身に同じ幅に切ったアルミ箔を張りつける。
2. 網にのせてバットに入れ、皮ぎりぎりまでオリーブオイルを張る。
3. プラックにバットごとのせ、オリーブオイルを40℃に温める。

4. バットごとサラマンダーの近火で1分間焼く。

水分をよく飛ばして皮面は香ばしく、身は最大限しっとりと仕上げる。

魚を丸ごと焼いたときの身のふっくら感を切り身で再現。通常、サラマンダーで焼くと上面からだけでなく、まわりの空気と鉄板からも熱が伝わり、全方向から火が入るため乾燥してしまう。そこで、オリーブオイルに切り身を浸して温め、皮目だけを露出させてサラマンダーで焼いてみた。油に浸して周囲の熱が遮断されるので身の乾燥を防げ、低温の油で煮るコンフィのような状態になり、しっとり仕上げられる。同時に、露出させた皮のほうは水分が蒸発し、パリッと香ばしく焼き上げられる。（北野）

詳しいルセットは116ページ

20 le vin quatre　北野智一
ノドグロのコンフィ　サフラン入りムール貝のソース

CONFIT DE "NODOGURO" FAIR COLORER À LA SALAMANDRE
SAUCE DE MOULE SAFRANÉ

Sawara

サワラ

作り方

1. サワラはかたまりのまま1％量の塩で1時間マリネする。塩を洗い流して常温に戻し、4cm幅に切り分け、にんにく油を全体に薄く塗る。
2. バーナーで皮を炙って真っ黒くなるまで焦がし、温かい場所で15分間休ませる。

3. バットにのせ、300℃のコンベクションオーブンで30秒間焼き、温かい場所で10分間休ませる作業を2回繰り返す。

4. 両端を切り落とし、内側だけを供する。

バーナーで皮を焼き切る
ホロホロになるまで焦がし、香ばしさだけを生かす。

コンベクションオーブン300℃で30秒間
瞬間的に熱気をまとわせる。

温かい場所で15分間
余熱でゆっくり中心まで火を入れる。

30秒加熱と10分休ませる作業を計2回行う
一気に火入れすると外側の水分が急激に抜けてパサつくため、2回に分けて徐々に温度を上げる。

完全に火を入れず、余熱で中心までじんわり温めて生魚特有の噛み応えを生かす。

高温のオーブンで、サワラの切り身に瞬間的に熱気をまとわせ、短い加熱時間で水分流出を最小限にとどめ、余熱でじんわり火を入れた。タンパク質を完全に凝固させず、しっとり感がありながら、ほろほろと身がほどける独特の食感を出すのが狙いだ。表面だけはどうしても火が入りすぎてパサつくので、思い切って削ぎ落とし、状態のよい内側だけを供する。皮はオーブンに入れる前にガスバーナーで真っ黒になるまで完全に焦がし、香ばしさだけを生かした。バーナーならピンポイントに加熱ができ、身には火を入れずに皮だけを確実に焦がせるのがメリットである。

（生井）

詳しいルセットは116ページ

21 CHIC peut-être　生井祐介
サワラのミ・キュイ 地ハマグリと春菊のソース

SAWARA / FEUILLES DE CHRYSANTHEMES / COQUILLAGE

AMADAI

アマダイ

⇩

昆布で挟み、ウォーターバス 60℃で20分間、芯温50℃に

真空パックにかけ、昆布に余分な水分を吸わせて身を引き締めながら旨みを凝縮する。

作り方

❶ アマダイに塩をふり、昆布で挟んで真空パックし、冷蔵庫で3時間締める。

❷ 真空パックのまま60℃のウォーターバスで約20分間、芯温50℃になるまで加熱する。

旨みが強く、濃厚な赤ワインソースにもよく合う。

付け合わせのミニ大根はバターと一緒に真空パックにかけ、58℃のウォーターバスで1時間30分間加熱。生の食感を生かしながら甘味を引き出す。根菜ならどんな種類にも有効な手法。

アマダイは水分が非常に多いため、ふっくら仕上げるにはある程度水分を抜く必要がある。そこで、皮を引いた切り身を真空パックで昆布締めにし、そのまま60℃のウォーターバスでじっくり加熱した。昆布が余分な水分を吸って旨みが凝縮すると同時に、昆布の旨みも加わり、より濃厚なおいしさが生まれる。つけ合わせのミニ大根も真空パックにかけ、58℃のウォーターバスで加熱する。58℃は変色を起こさないぎりぎりの温度。甘味を引き出しつつ、生のときの歯切れよさも残せる。氷水での色止めしなくても美しい色を保つため、温かい状態で提供できるのもメリットだ。(荒井)

詳しいルセットは119ページ

22 HOMMAGE 荒井 昇
昆布締めした山口県萩市産アマダイ スミレ香る赤ワインソースとミニ大根のコンフィ

AMADAI CUIT D'ALGUE, REDICTION VIN ROUGE VIOLET, CONFI DE RADI

アズキハタ

85℃の湯で皮をゼラチン化

7～8秒間浸し、皮のコラーゲン構造を壊し、軟化させる。

中火のプランチャで皮面を4～5分間焼く

澄ましバターを敷いて重しをし、パリッと歯ざわりよく焼く。

身側を低温で30秒間焼く

プランチャの端で焼いて表面の温度を上げ、余熱を中心まで伝えやすくする。

身は余熱だけで火を通す感覚でふっくら仕上げる。

ハタやクエなど皮が固い魚は煮たり蒸したりすることが多いが、焼くことで生まれる皮の香ばしいおいしさを表現したい。たどり着いた手法が、火入れする前に魚を丸ごと湯に数秒通し、皮のコラーゲン構造を壊して軟化させる「ゼラチン化」だ。軟化した皮は、焼くとパリッと歯ざわりのよい食感に変化する。さらに鍋ではなくプランチャ（鉄板）を使用し、重しをのせて皮を押しつけることで、より香ばしく焼き上げた。（岸本）

作り方

1 ハタを丸ごと85℃の湯で7～8秒間加熱する。

2 すぐ氷水に浸して冷やす。フィレにおろして塩をふり、半日締めて余分な水分を抜く。

3 プランチャにオーブンペーパーをのせて多めの澄ましバターを敷き、皮側から中火で焼く。最初の30秒間は上から押さえて皮が収縮して身が反るのを防ぎ、落ち着いたら重しをはずして4～5分間焼く。

4 引っくり返し、身側をプランチャの端で30秒間焼く。

5 網にのせ、温かい場所で5分間休ませる。

詳しいルセットは120ページ

23 L'EMBELLIR 岸本直人
アズキハタのロースト　かぶのコンソメ

FILET DE AZUKIHATA RÔTIE CONSOMMÉ DE NAVET

サワラ

オーブン200℃で3分間
皮面にうっすら火を入れることにより、スムーズな温度上昇を促す。

保温庫55℃で20〜30分間
全体の温度を均一に温める。

弱火でアロゼ
油で表面を保護しながら徐々に温度を上げる。

オーブン200℃で2分間、芯温55℃に上げる
アロゼとオーブンでの加熱を繰り返し、おだやかに加熱する。

強火の炭火で炙る
皮をパリッとさせ、炭の香りをまとわせる。

作り方

1 サワラに塩をふり、15分間常温で締める。

2 出た水分を拭き取り、グレープシードオイルを敷いた常温のフライパンに皮を下にしてのせ、200℃のオーブンで3分間焼く。

3 55℃の保温庫に20〜30分間入れ、全体の温度を均一に温める。

4 多めのグレープシードオイルを弱火で熱したフライパンに皮を下にしてのせ、オイルをスプーンですくって何度か上からかけ（アロゼ）、次に200℃のオーブンに2分入れる。この作業を3回繰り返し、芯温を55℃まで上げる。

5 強火の炭火に網を1枚渡し、皮面を炙ってパリッと香ばしく焼く。裏返し、身側は網を2枚重ねにした上にのせ、炭火の香りがつく程度に軽く炙る。

魚の火入れでもっとも重要なのは、焼き縮みを防ぐこと。体積が減ったぶんだけ水分を保持できずに外に流れ出し、パサついてしまう。そこで私が選んだのが4段階の火入れだ。まず、200℃のオーブンで皮面だけにうっすら火を入れ、55度の保温庫で全体の温度を均一に温める。次に皮面を弱火でアロゼし、200℃のオーブンに入れて温める作業を繰り返し、芯温を55℃まで持っていく。この方法ならゆるやかに、かつスムーズなストレスがかからず、加熱による表面の乾燥を最小限に抑えられる。最後は炭火で炙り、皮をパリッと香ばしく焼き上げた。（下野）

24 à nu, retrouvez-vous 下野昌平
サワラのポワレ　菊芋のソース

MAQUEREAU ESPAGNOL POÊLÉ,
SAUCE AUX TOPINAMBOURS

Mérou

アカハタ

水に浸し、サラマンダーで50％まで蒸し焼き

表面の乾燥を防ぎながら徐々に温度を上げ、筋繊維が収縮しはじめたところで取り出す。

余熱で弱い弾力を出す

常温で休ませる間に余熱でさらに火入れ。表面全体がうっすら白くなり、指で押すと弾力がやや感じられる状態がベスト。

作り方

1. アカハタに塩をふって水分を適度に抜き、身を締める。
2. 浅い鍋に水を張り、少量の日本酒、ピュア・オリーブオイル、タイムを加え、アカハタを皮を上にしてのせる。身だけが水に浸かり、皮は出ている状態。

3. サラマンダーで火の高さを調節しながら5割程度加熱する。
4. 液体を捨てて常温におき、余熱で6〜7割まで火を入れ、皮をはぐ。

ふっくらとして弾力があり、みずみずしい「キュイソン・ナクレ」を目指す。

厚みのある切り身に、刺身で賞味するときの旨みを保たせつつ、酒蒸しのようなふっくらとした食感に仕上げたい。そのために選んだのが、水に魚の身を浸し、サラマンダーで蒸し焼きにするという手法だ。水で乾燥を防ぎながらゆっくり温度を上げることで、筋繊維に火が入りかけるジャストのタイミングを狙える。水にはオリーブオイル、日本酒、タイムを加え、火入れしながら魚の雑味を取り除き、よりクリアな旨みを引き出した。今回のように皮をはずして供する場合でも、皮つきのまま加熱することで上面の身が保護され、よりふっくらした食感になる。

（武田）

25 Liberté a table de TAKEDA 武田健志
アカハタの蒸し焼き

FILET DE MÉROU RÔTIE - POCHER

Restaurant TANI
Toshimichi Tani

CHIC peut-être
Yusuke Namai

HOMMAGE
Noboru Arai

Liberté a table de TAKEDA
Kenji Takeda

à nu, retrouvez-vous
Shohei Shimono

le vin quatre
Tomokazu Kitano

シェフの道具類

Ustensiles de chefs

"手は、道具の中の道具である"

アリストテレスの名言

gri-gri
Ken Ito

L'EMBELLIR
Naoto Kishimoto

肉料理
VIANDES

26 牛：スペアリブ ▶ Mijoter —— 63
27 子鳩 ▶ Frire à 200℃ —— 66
28 仔羊：肩肉 ▶ Rôtir à 150℃ —— 68
29 鶏：胸肉 ▶ Vapeur à 60℃ —— 70
30 豚：内臓 ▶ Sauter à 130℃ —— 72
31 シカ：もも肉 ▶ Rôtir à 200℃, Cuire à 55℃ —— 74
32 豚：足 ▶ Braiser —— 76
33 鴨：胸肉 ▶ Rôtir-braiser —— 78
34 鳩 ▶ Cuire à 58℃, Griller —— 80
35 鶏：胸肉 ▶ Vapeur à 58℃ —— 82
36 子鳩 ▶ Cuire à 58℃, Frire à 180℃ —— 84
37 シカ：背肉 ▶ Sauter, Rôtir à 180℃ —— 86

26 le vin quatre　北野智一
ブフ・ブルギニオン

Bœuf Bourguignon

牛のスペアリブ

強火で表面を焦がす

マリネする前に焼き、濃い焦げ色をつけ、マリナードに香ばしさを移す。

弱火で45分間煮込む

落とし蓋と鍋蓋をして煮汁を対流させ、水分の蒸発を最小限にとどめながら均一に火を通す。

常温で45分間冷ます

途中でいったん冷まし、味を肉の内部に浸透させる。

煮込んで冷ます作業を3回

こまめに温度を上下させ、肉の中心まで味を完全に浸透させる。

温度の上げ下げを繰り返し、味を最大限しみ込ませて濃厚な味わいに仕上げる。

詳しいルセットは117ページ

côte de bœuf

作り方

1 塩、こしょうした肉をフライパンで炒め、全体にしっかり焦げ目をつける。

2 マリナードの中に入れ、冷蔵庫で2日間マリネする。

3 ザルに上げ、液体を鍋に入れて強火で沸騰させ、アクを取り除く。再度、強火で沸騰させてアルコール分を飛ばす。

4 炒めたミルポワ、マリネ液、肉を鍋に入れて沸騰させてアクを取り除き、フォン・ド・ヴォーを加える。

5 紙で落とし蓋をし、鍋の蓋を閉める。静かにわく程度の火加減を保ちながら45分間煮て、火を止めて常温で45分間冷ます作業を3回繰り返す。

6 肉を取り出し、煮汁をシノワで漉す。粗熱が取れたら肉を煮汁に戻し、氷水で冷やす。

肉は加熱すると細胞が膨張して水分が流出し、温度が下がると細胞が収縮して元の形に戻る。このとき、収縮とともに外の水分を取り込むため内部に味がしみ込む。この作用を利用し、加熱と冷却を繰り返して煮汁を肉に最大限しみ込ませた。ただやみくもに加熱時間を伸ばすと水分の流出が大きくなって肉がパサつくので、トータルの加熱時間は通常の煮込み時間にとどめ、その時間内でこまめに温度の上げ下げを行う。また、肉はマリネ後に表面を焼き固めて煮込むのが一般的だが、あえて表面を焼いてからマリネ液に漬け込む。先にマリネすると肉にしみ込んだ赤ワインが焦げて苦味が出てしまうが、この方法なら肉の表面をしっかり焼きつけられるので、香ばしく仕上げられる。　　　　　　　　　（北野）

Pigeonneau

子鳩の胸肉

真空で一晩マリネ

肉の内部にまで風味を浸透させる。

200℃のオリーブオイルで45秒間揚げる

高温で表面の噛み応えを出しながら、中心は温まる程度。

50℃で5分間休ませる

短時間にとどめ、内側と外側で肉質に変化をつける。

作り方

1. 胸肉に塩、こしょう、セップ茸パウダーをふり、にんにく、オリーブオイルと一緒に真空パックし、一晩マリネする。
2. マリネした胸肉を常温に戻し、アーモンドプードルをごく薄めにまぶす。

3. にんにくの香りを移したオリーブオイルを200℃まで熱し、胸肉を約45秒間揚げる。

4. 油を切り、50℃程度の場所で5分間休ませる。

美しいグラデーションに仕上げ、食感の変化を狙う。

高温の油で急速に火を入れ、あえて外側をやや固くなるように仕上げた。よく噛み締めることで内側の肉汁が口内に溢れ、よりジューシー感を味わってもらうのが狙いだ。揚げてから長時間休ませると全体の食感が均一になり、味がぼけるので、ほとんど休ませずに供し、外と内側の肉質の違いを楽しんでもらう。休ませる時間が短いぶん、揚げたてのよい香りを客席まで届けられるのもメリットだ。（谷）

詳しいルセットは120ページ

27 Restaurant TANI 谷 利通
子鳩の唐揚げ

PIGEONNEAU KARAAGE

Epaule d'agneau

仔羊骨つき肩肉

コンベクションオーブン150℃で1時間ロティし、芯温62℃に

中心までしっかり火を入れて筋を焼き切り、噛み切りやすくする。

中火で表面に焼き色をつける

1人前ずつに切り分けてフライパンで焼き、焼き色による香ばしさと、仔羊の香りを際立たせる。

作り方

1. 肩肉は常温に戻し、バットにのせる。塩、こしょう、焼きトマトパウダー、サフランオイルをこすりつけ、ローズマリーとタイムの葉をまぶす。
2. 150℃のコンベクションオーブンで1時間、ときどきアロゼしながら芯温62℃になるまで加熱する。

3. 1人分につき80gに切り、中火にかけたフライパンで表面に焼き色をつける。

中心のロゼ色がなくなるまでしっかり火を入れ、香り高く、歯切れよく仕上げる。

骨つき肩肉でロティに挑戦。固くて筋が多いので煮込むのが定番だが、ロティする間に骨からジューが滲み出て、その旨みが肉に移るはずだと考えた。問題は、どうやって柔らかく焼き上げるかである。私の結論は、ロゼ色部分がなくなるまで十分に焼き、固い筋を完全に焼き切ること。こうすると心地よい歯切れさが生まれ、深く火入れすることで仔羊自体の香りも強まる。150℃のオーブンでアロゼしながら焼くという、いたってシンプルな手法だが、繊細な背肉のロティとはひと味違う、濃厚なおいしさを引き出すことができたと思う。ブルターニュ地方の海岸で潮風に吹かれて育つプレ・サレをイメージし、ソースとつけ合わせにはモン・サンミッシェル産のムール貝を組み合わせた。

（荒井）

詳しいルセットは121ページ

28 HOMMAGE 荒井 昇
足寄町石田めん羊牧場サウスダウン種仔羊肩肉のロティ
モン・サンミッシェル産ムール貝

EPAULE D`AGNEAU ROTI, MOULES SAFRAN

Coquelet

ひな鶏の胸肉

↓

スチームコンベクション 60℃で45分間、芯温60℃

真空にかけて水分の流出を抑えつつ、やや深めの火入れで筋繊維を適度に収縮させる。

皮をプランチャ250℃で焼成

水分を完全に飛ばし、カリカリに焼き上げる。

作り方

❶ 胸肉から皮をはがし、切り開いて内側に塩をふり、オマール入りムースをのせて挟む。

❷ ラップで包んで形を整え、真空パックにする。

❸ 60℃のスチームコンベクションで45分間加熱し、芯温60℃に上げる。

❹ 皮は余分な脂とすじを取り除き、塩をふる。250℃のプランチャで外側から重しをのせて焼く。きつね色になったら裏返し、同様に焼く。

やや高めの温度で歯切れよく仕上げ、中に挟んだオマールとムースとの食感のコントラストをつける。

繊細な肉質のひな鶏に、しっとり感だけではなく、肉を噛みしめる愉しみも持たせたい。そこで、タンパク質が凝固する56℃よりやや高めの60℃に設定したスチームコンベクションで加熱し、水分の流出は抑えつつ適度に筋繊維を収縮させて、弾力と歯切れのよさを引き出す。皮は肉からはずしてバリッとした煎餅状になるまで香ばしく焼き、単調になりがちな蒸し鶏に香りと食感のアクセントをつけた。（生井）

詳しいルセットは122ページ

29 CHIC peut-être　生井祐介
ひな鶏とオマールの低温調理 クレーム・ド・オマールとオゼイユ

COQUELET / HOMARD / OSEILLE

Andouillette

アンデュイエット

電子レンジ600ワットで30秒間

中心温度をあらかじめ上げ、脂を溶けやすくする。

フライパン130℃で10〜15分間ソテー

外側から中心に熱を伝え、脂を溶かしながら、表面に焼き色をつける。

作り方

1. 小腸、胃袋、ミルポワをたっぷりの水と多めの塩で40分間〜1時間ゆでる。ゆで汁に浸けたまま完全に冷まし、ロボクープで粗く刻む。
2. 粗挽きにした塩漬け豚バラ肉、みじん切りのエシャロットを混ぜ合わせ、塩、こしょうで味をつける。
3. 大腸に詰めて10cmごとに分割し、ミルポワを加えて沸騰させた湯で30分間弱火でゆでる。ゆで汁の中で完全に冷まし、1本ずつに切り分け、紙に包んで保存する。
4. アンデュイエットに塩、こしょうをふり、600ワットの電子レンジに30秒間かける。
5. 130℃に熱したフライパンにのせ、プラックの端でフライパンの温度を130℃に保ちながら10〜15分間かけて大腸に香ばしい焼き色がつくよう加熱する。

表面はパリッと焼き上げ、内部の脂は溶かしてジューシーに。

アンデュイエットはファルスをどんなにおいしく作っても、最後の焼き方ひとつで味わいがまったく変わってくる。理想とするのは大腸には美しい焼き色がつき、切ると中から一気に焼くと表面には焼き色がつくが、ファルスの脂が溶けきらず、ジューシーな味わいにはほど遠い。先に電子レンジで中心の温度をある程度上げておき、温度を130℃に保ったフライパンで10分以上かけてじっくり焼き色をつければ、脂がちょうどいい具合に溶ける。ファルスは脂が多いほどジューシーに仕上げられるので、小腸と胃袋を下ゆでするさいは、やや固いかなというところで止め、ある程度脂を残しておく。（北野）

詳しいルセットは123ページ

30 le vin quatre　北野智一
自家製アンデュイエット　ソース・ポワヴラード

ANDOUILLETTE DE LA MAISON SAUCE POIVRADE

Chevreuil

シカのもも肉

⇩

作り方

❶ 肉に塩をし、黒こしょうをまぶし、にんにく、オリーブオイルと一緒に真空パックにする。冷蔵庫で2週間熟成させる。

❷ 真空パックから出し、オイルをつけたまま鍋に入れ、200℃のオーブンで3分間加熱しては出し、ストーブに網を敷いた上にのせてじんわり温める。この作業を数回、肉を押してみてある程度の張りと弾力が感じられるまで繰り返す。

❸ 55℃の保温庫で30～40分間、芯温55℃になるまでゆっくりと温める。
❹ 再度200℃のオーブンに入れ、芯温58℃に上げる。
❺ 肉の表面を削り取り、内側の赤い部分だけを供する。

オーブン200℃で3分間焼き、ストーブ上で休ませる

高温で短時間加熱しては休ませる作業を繰り返して徐々に温度を上げ、弾力と張りを出す。

保温庫55℃で30～40分間、芯温55℃に

全体の温度を均一にしながらゆっくり加熱する。

オーブン200℃で芯温58℃に

最後は高温で筋繊維を一気に引き締め、より弾力を引き出す。

独特の食感だけでなく、シカ肉ならではの鉄分の香りも存分に楽しめるのが魅力。

見た目はまるで生肉。しかし、生とはまったく異なる独特のプルンとした食感が身上のロティである。肉はオイル等と一緒に真空にかけて2週間熟成させ、タンパク質をアミノ酸に分解させて柔らかく、旨みを凝縮させておく。それを、芯温58℃に加熱する。ただし、一定の温度で長時間加熱するだけでは、ハムのようにしっとりするだけで、プルンとみずみずしい食感には仕上がらない。あらかじめオーブンで焼いてある程度温度を上げておき、保温庫で55℃まで温めたら、仕上げにオーブンで58℃まで加熱する。徐々に芯温を上げることで、筋繊維の張りと弾力を発揮させるのである。

（下野）

詳しいルセットは121ページ

31 à nu, retrouvez-vous 下野昌平
熟成シカのロティ ビーツのソース

RÔTI DE CHEVREUIL, SAUCE AUX BETTERAVES

Pied de porc

豚足

⇓

圧力鍋で45分間煮る

圧力をかけて限界まで柔らかくし、骨の旨みとゼラチン質を煮汁に溶かし出す。

網脂で包んでソテー

全体に焼き色をつけ、余分な脂を溶かす。

煮汁で30分間煮込む

煮汁に香ばしさを移し、豚足とソースの香りに一体感を出す。

作り方

1 縦半割りにし、塩水で3回ゆでこぼした豚足をにんにくとクローブを加えたマデラ酒で3日間マリネする。
2 圧力鍋にマリネ液ごと入れ、中火にかける。蒸気が出たら弱火に落として45分間加熱する。
3 鍋を氷水に浸して急冷する。圧力が下がったら蓋を開け、常温でゆっくり冷ます。

4 豚足の骨をはずし、マスタードを塗ってファルスを詰め、冷蔵庫で一晩冷やし固める。
5 網脂で包み、塩、黒こしょう、薄力粉をまぶす。
6 中火から弱火で網脂を溶かしながら全体をきつね色にソテーする。
7 煮汁に戻し、弱火で30分間、ゆっくり煮込む。
8 濃度がつくまで煮詰め、塩、黒こしょうで味を調えてごく少量のバターを溶かし込み、ソースを仕上げる。

リ・ド・ヴォーとセップ茸のファルスで食感に変化をつける。

柔らかくなるほどおいしさが増す豚足は、圧力鍋の調理にうってつけだ。圧力鍋なら、骨の内部に含まれるゼラチン質と旨みまでもが煮汁に溶け出し、濃厚な味わいのソースに仕上げられる。一滴の水も加えずマデラ酒のみで45分間煮込んだ後、ファルスを詰めて網脂で巻き、網脂を香ばしく焼いてからソースに戻して煮込む。表面の余分な脂を溶かし、ソースにも香ばしさを移すのが狙いである。

（谷）

詳しいルセットは124ページ

32 Restaurant TANI 谷 利通
豚足のマデラワイン煮込み

Pied de porc braisé au madère

Canard

鴨の胸肉
⬇

フライパンで両面をきつね色に焼く
この段階で肉自体の火入れはほぼ完了させる。

温かい場所で5分間
肉汁を安定させ、全体の温度を均一にする。

サラマンダーの近火で1分30秒間
皮面を香ばしく焼く。

温かい場所で4分間
焼いては休ませる作業を4回繰り返し、肉の温度が上がらないようにしながら皮面だけ焼く。

ソースで15分間、ごく弱火でブレゼ
皮の香ばしさをソースに移し、ソースの味を肉にしみ込ませる。

作り方

1. 鉄のフライパンに鴨胸肉を皮側を下にしてのせ、弱火から中火で表面全体をきつね色に焼く。
2. 温かい場所で5分間休ませる。
3. 皮を上にしてバットにのせ、サラマンダーの近火で1分30秒間加熱する。

4. 温かい場所で4分間休ませ、方向を180度変えてサラマンダーの近火で1分30秒間加熱する。この作業を合計4回繰り返す。
5. 肉を赤ワインソースの中に入れて蓋をし、沸騰しないようにごく弱火で、ときどきソースをスプーンですくって上からかけながら15分間ブレゼする。

やや深めの火入れで香りと旨みを増幅し、ソースに負けない力強さを引き出す。

焼いただけでは固くて食べづらい部位を、柔らかく仕上げられるのが煮込み料理の醍醐味。それをあえて柔らかい胸肉で作れば、普通の煮込みにはないジューシーさが楽しめるのではないか？　そこで考えたのがブレゼ感覚の「焼き煮」だ。ただし、生の状態から煮込むとせっかくの胸肉のジューシーさが失われてしまうので、先にある程度香ばしく焼き上げておき、煮込む段階では肉に火を入れず、ソースと一体化させることに主眼を置く。ソースの深い味わいに負けないよう、最初の火入れはある程度深く行い、香りを引き出しておくのがポイントだ。

（荒井）

詳しいルセットは125ページ

33 HOMMAGE 荒井 昇
マダム・ビュルゴーのシャラン鴨胸肉のロティ・ブレゼ オリーブ・リュック風味

CANARD BURGAUD ROTI-BRAISE, FAÇON CANARD AUX OLIVE

Pigeon

鳩の胸肉・もも肉 ↓

作り方

1. 鳩は胸とももに切り分ける。両方とも肉の部分にラップを張りつけて網の上にのせ、風通しのよい涼しい場所に1時間おいて皮を風乾させる。
2. 58℃のオイルバスで10分〜15分間、芯温50℃に上がるまで加熱する。

3. 油を切り、にんにくの断面を表面全体にこすりつけて香りを移し、塩、こしょうする。
4. 炭火の上に網をのせ、皮面を1分間、引っくり返して身側は30秒間、それぞれ重しをのせて焼く。

5. プラックの端で5〜8分間休ませる。

皮を1時間風乾
肉はラップで覆って保護し、皮の水分だけを抜く。

58℃のオイルバスで芯温50℃に加熱
皮の乾燥状態を保ったまま、身を均一に温める。

炭火で皮面を1分間、身側は30秒間焼く
重しをのせて皮と身を密着させ、余分な脂を抜き、身のジューシーさは損なわず、皮を香ばしくカリッと仕上げる。

プラックの端で5〜8分間休ませる
身の温度を均一にし、肉汁を全体に行き渡らせる。

皮は水分を飛ばしてパリッと香ばしく、身はタンパク質が凝固するぎりぎりの温度でジューシーに仕上げる。

肉と皮を別の素材と捉え、それぞれを最高の状態に火入れしたいが、皮下脂肪には旨みが多く含まれるため、皮をはいで別々に調理するのはもったいない。そこで考えたのが、オイルバスと炭火の併用だ。身をラップで保護し、風に当てて皮だけを乾燥させ、オイルバスに浸けて低温でゆっくり肉を温める。オイルなら肉に火入れしている間も皮の乾燥状態を保つことが可能だ。仕上げに炭火で乾燥した皮を炙れば、パリッと香ばしく焼き上げられる。このとき、上から重しをのせて皮と身を密着させ、余分な脂を抜きながら身にも香ばしさを移し、一体感を出すのがポイントである。

（岸本）

詳しいルセットは119ページ

34 L'EMBELLIR　岸本直人
ラカン産ピジョンの炭火焼き　その内臓のソース

Pay de Racan Pigeon grillé sauce son d'abats

Suprême de Poulet

若鶏の胸肉

⇓

スチームコンベクション58℃で芯温52℃に

真空にかけ、素材の水分を閉じ込めながら、かつおだしの旨みを浸透させる。

常温で10～15分間

肉の温度を下げ、肉汁を筋繊維内にとどめる。

サラマンダーで表面を加熱

表面の温度だけを上げて香りを立たせる。

作り方

1 常温に戻した肉の内側だけに塩、こしょうし、ラップで包んで細長い三角形に成形する。
2 ラップに小さな穴をまんべんなくあけて、かつおだしと一緒に真空パックする。
3 58℃のスチームコンベクションで加熱し、芯温52℃で取り出す。

4 常温で10～15分間休ませる。
5 盛りつけの直前に胸肉を真空パックから出し、サラマンダーの端で温めて表面の温度を上げる。色はつかないよう注意する。

脂のあるもも肉はオマール海老、フォワグラと一緒にちりめんキャベツに包んでブレゼ。脂がソースに溶け出し、一体感のある味わいが生まれる。

ポ・ト・フーをイメージした一皿。脂が少なく繊細な肉質の鶏胸肉は煮込むとパサつきやすい。そこで考えたのが、かつおだしと一緒に真空パックにかけ、58℃のスチームコンベクションで蒸し煮する方法だ。真空なら肉の水分が逃げず、浸透圧の働きでだしの風味をよくしみ込ませられる。胸肉は他の部位に比べて火が入りやすく、低めの芯温52℃がもっともジューシーに仕上がる温度だ。　（武田）

詳しいルセットは125ページ

35 Liberté a table de TAKEDA　武田健志
ブレス産若鶏を2種の調理法で

POULET DE BRESSE DEUX CHAUFFAGE

Pigeonneau

子鳩

作り方

1. 鳩はもも以外の骨をはずして一枚開きにし、2等分して半羽を1人分として使う。手羽先は切り落とす。
2. 塩麹、ジュ・ド・トリュフ、トリュフオイルを混ぜ合わせ、鳩にまぶして真空パックにし、冷蔵庫で3時間マリネする。
3. 58℃のウォーターバスで約30分間、芯温51℃まで加熱する。
4. 袋から出して水気を拭き取り、冷蔵庫の風通しの場所で半日乾かす。
5. 180℃に熱した米油で、鳩を5分間、からりと揚げる。

ウォーターバス58℃で30分間、芯温51℃に

マリネした状態のまま真空パックで加熱し、味を浸透させながら全体に均等に火を入れる。

米油180℃で5分間揚げる

濃いきつね色になるまで揚げ、鳩ならではの香りを最大限に引き立たせる。

火入れはやや深め。鳩の香りがより強調できる。

鳩は部位によってジャストの加熱時間が異なるため、通常は分解して部位ごとに火入れする。その手間を省略してくれるのが、ウォーターバスである。肉の芯温が設定温度以上には上がらないため、胸肉、もも肉を同時進行で均一に、ストレスを与えずにおだやかな火入れを可能にする。ただし、仕上げには油で濃いきつね色になるまで揚げる。あえて深めに火を入れて鳩らしい香りを引き出し、皮はパリッと、噛み応えよく仕上げるのが狙いである。（荒井）

詳しいルセットは124ページ

36 HOMMAGE 荒井 昇
ブレス産子鳩のフリット　セップ茸　アバのクーリ

Frits de pigeonneau, cepes, coulis de abat

Chevreuil

シカの背肉

⇩

糸で成形し、アロゼしながら弱火でソテー

筋繊維を寄せて熱伝導をよくし、アロゼで表面に油脂をまとわせて水分流出を防ぎ、均一に火を入れる。

アルミ箔で包んで5分間、芯温45℃に上げる

蒸された状態にし、中心までじんわり温める。

バラと一緒にコンベクションオーブン180℃で2分間

鍋に蓋をして香りを閉じ込め、蒸し焼き状態でバラの香りを肉に移す。

アロゼしながらソテーし、芯温53〜55℃に上げる

香ばしいブール・ノワゼットをまとわせながらロゼ色に仕上げる。

「火入れしながら香りをつける」という技法の提案。バラの花びらを敷き詰めた鍋で香りを移しながら蒸し焼き状態にし、仕上げにブール・ノワゼットでアロゼして焦げたバターの香りもまとわせた。シカ肉には脂が少ないため、加熱すると水分が抜けやすい。そこで、あらかじめアロゼして表面を油脂で覆い、さらに休ませる間もアルミ箔で覆って水分の流出を防ぐ。また、身が柔らかいので、糸で成形して筋繊維同士を密着させ、熱伝導をよくすることでより均一に火入れできる。（岸本）

詳しいルセットは123ページ

37 L'EMBELLIR　岸本直人
蝦夷シカのソテー　バラの香り

Noix de Chevreuil sauté parfumé de rose

肉汁を蓄えたロゼ色部分の面積をいかに広げられるかがおいしさに直結する。

Chevreuil

シカの背肉

作り方

❶ シカ肉を常温に戻し、塩、こしょうをし、タコ糸で2か所縛って成形する。

❷ 多めのバター、オリーブオイルでにんにくを弱火で炒めて香りを出す。常温に戻した肉をこまめに返してはアロゼしながら3〜4分間ソテーする。

❸ アルミ箔で包んで5分間休ませ、芯温を45℃まで上げる。

❹ 鍋にドライローズを敷き詰め、生バラの花びらを散らす。中心に柿葉を敷いて肉をのせる。

❺ 蓋をして180℃のコンベクションオーブンで約2分間、ローストしてバラの香りを立たせる。

❻ フライパンでバターをノワゼット色に焦がし、肉を入れる。アロゼしながらソテーし、芯温を53〜55℃まで上げる。

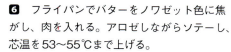

デザート
DESSERTS

38 ガトー・ショコラ ▶ Cuire à 220°C —— 90
39 フォンダン・ショコラ ▶ Cuire à 200°C —— 92
40 カヌレ ▶ Cuire à 230°C —— 94

Chocolat

作り方

1 粗く刻んだチョコレート、バター、グラニュー糖をボウルに入れ、湯煎で完全に溶かして混ぜ合わせ、湯煎からはずす。

2 全卵と加糖卵黄をよく合わせてから加え、泡立て器で混ぜ合わせる。コシが出てきたら黒こしょう、ナツメッグ、シナモンパウダー、薄力粉を合わせてふるい入れ、ゴムべらで混ぜ合わせる。コニャックを混ぜ合わせ、型に流して冷凍庫で固める。

3 220℃のコンベクションオーブンで2分30秒～3分間、周囲は固まり中心は完全に火が入り切らない状態に焼く。

4 型に入れたまま粗熱を取り、冷蔵庫で冷やす。

チョコレート

生地を完全に冷凍する

焼成時に内側の温度上昇をゆるやかにする。

コンベクションオーブン 220℃で 2分30秒～3分間焼成

高温短時間で外側だけを焼き固め、内側はちょうど火が入った程度にとどめる。

外側はサクサク、中はテリーヌのようにねっとり。小さなガトーに食感の変化を凝縮した。

ガトー・ショコラは粉の量を最少限まで減らすことでなめらかな口溶けになる。反面、粉が少なければ少ないほど、油脂分が加熱によって分離しやすくなり、かえってパサつくリスクも生じる。表面はしっかり焼き固めて保形性を持たせながら、内側の油脂分を逃さないにはどうしたらよいか? そこで考えたのが、冷凍した生地を高温短時間で焼成するという方法だ。これなら表面温度だけが瞬間的に上がって焼き固まり、内側は油脂が溶け出す温度にまで上昇するのを防げる。粉の存在をまったく感じさせないガトー・ショコラ、最上のねっとり感が小さな一口に詰まっている。

（生井）

詳しいルセットは127ページ

38 CHIC peut-être　生井祐介
プティ・ガトー・ショコラとキャラメル、アマレット風味のエスプーマ

CARAMEL / CHOCOLAT / AMARETTO

Chocolat **チョコレート**

生地をタルトケースに詰める

高温焼成時に失敗しやすい型抜き作業を回避できる。

コンベクションオーブン 200℃で4分40秒間焼成

高温短時間で素早く焼成し、焼き固まった層を極力薄くする。

作り方

1 全卵にグラニュー糖を加え、白っぽくなるまで泡立てる。
2 バターと刻んだチョコレートを湯煎にかけて溶かし、よく混ぜ合わせる。
3 2を1に加えて乳化させ、薄力粉を混ぜ合わせる。
4 生地を絞り袋で空焼きしたタルトケースに詰める。

5 200℃のコンベクションオーブンで4分40秒間加熱する。

温かい状態で提供できるのはレストランだけの特権。そのよさを存分に楽しめるよう、液状の部分ができるだけ多くなるように火入れする。

詳しいルセットは126ページ

39 Liberté a table de TAKEDA　武田健志
フォンダン・ショコラ

FONDANT AU CHOCOLAT

粉を最少限まで減らし、軽やかさとなめらかさを追求。チョコレートの割合が多い生地は固まりづらいため、高温焼成が不可欠だが、型から抜きづらいのが難点だ。そこで、生地をタルトケースに詰めて焼き上げてみた。型抜き作業が不要になるうえ、タルトのサクサクとした食感がコントラストになり、メリハリの効いた味わいになる。一般的なフォンダン・ショコラより平らな形にしたのは、できるだけ短い時間で中心まで熱を伝えて表面の焼き固まった層の比率を抑え、レア状態のチョコレートを増やすのが目的だ。とろけるおいしさを極限まで高めたフォンダン・ショコラである。　　　　（武田）

Canelé

カヌレ

> ### コンベクションオーブン 230℃で7分間焼成

全体を焼き固め、ある程度焼き色をつける。

> ### 天板を重ねて7分間焼成

水を張った天板で底面の温度を急激に下げ、底面の焼成の進行だけを止める。

> ### シルパットをかぶせて 14分間焼成

上面の焼成の進行を止め、中央だけに焼き色をつける。ここでいったん常温で冷ます。

> ### 型からはずして 2分30秒間焼成

キャラメリゼし、表面を焼き固めて食感を出し、美しい焼き色をつける。

シリコン型とバターだけで、蜜蝋を使ったクラシックなカヌレに負けない美しい焼き色、表面のバリッとした食感を生み出したい。しかし、シリコン型を用いた場合、底、上面、中央の順に焼き色がつくため、なかなか均一な焼き色がつけづらいのが難点である。そこで考案したのが4段階の焼成。まず、上面に焼き色がつく直前まで焼いたら、水を少量入れた天板を下に重ねて下部の温度を下げ、底面の焼成の進行をやわらげる。上面が焼けたら上にシルパットをかぶせて上面の焼成の進行も食い止め、中央部分にだけ焼き色をつける。さらに型から取り出して再度焼き、表面をキャラメリゼする。こうしてカヌレ特有の香ばしさを生み出すことに成功した。

(北野)

詳しいルセットは126ページ

40 le vin quatre 北野智一
カヌレ 自己流

CANELÉ À MA FAÇON

カヌレ

Canelé

形も美しく、均一な焼き色がついたカヌレ。表面の香ばしさがおいしさに直結する。

作り方

1. バターを塗ったシリコン型に生地を流し込み、天板1枚の上にのせ、230℃のコンベクションオーブンで7分間焼く。
2. 水を少量張った天板を下に重ね、180度方向を回転させてさらに7分間焼く。

3. 水を張った天板をはずし、網にのせかえ、上面にシルパットをかぶせて7分間焼き、180度回転させてさらに7分間焼く。早くシルパットをのせてしまうと上面が押しつけられて形がいびつになるので注意。表面に焼き色がつき、押しつけられても形を保てるまで焼き固めてからのせること。

4. 型に入れたままいったん常温で冷ます。
5. 型からはずしてシルパットに並べ、網の上にのせて230℃で2分30秒間程度、美しい焼き色をつける。場所によって色むらができるので、濃く色づいたものから順に取り出して常温で冷ます。

8人のシェフ、火入れについて熱く語る

独自のテクニックを駆使する火入れのスペシャリストたちは、これからどこを目指していくのだろう。
「火入れ」に対するシェフたちの哲学と、火入れを通じて表現したい料理について聞いてみた。

火入れは、水分との闘いである

ランベリー ナオト・キシモト
岸本直人

岸本シェフにとって、火入れは「水分との闘い」だ。火入れで水分をコントロールして、味を決定するのだという。「素材のなかに含まれる水分には、『結合水』と『自由水』があります。結合水は、タンパク質や炭水化物などと化学的に固く結合した水分。自由水は、素材の組織内にある水分で、温度や湿度など、外部の環境の変化によって簡単に蒸発したり流出します。この自由水をいかに素材の内部にとどめておくかが、ふっくら柔らかく火入れするポイントです。

しかし、ただ水分を閉じ込めればよいわけではありません。たとえば、トマトのように水分が多すぎるものは、できるだけ水分を抜きながら加熱し、味を凝縮する必要があります。さらに、自由水のなかにアクが含まれている素材もあります。その場合は、水分を蒸発させないように沸点以下の温度で加熱しながら、アクだけを取り除く方法を考えなければいけません。

料理の完成を着地点とし、その着地点に見合った水分量を見極める。そして、その水分量に向けたアプローチとして火入れ法を決定する。すなわち、水分は料理を組み立てるための出発点です」

理想の水分量へ到達するためのアプローチ法が多いのが、フランス料理の魅力だと話す岸本シェフ。確かなアプローチ法の選択が、「キシモト料理」の個性をさらに輝かせている。

Naoto Kishimoto
1966年、東京都出身。都内の洋食店「スエヒロ」で料理の世界に飛び込む。渋谷「ラ・ロシェル」で坂井宏行氏に師事。94年に渡仏し、ロワール「ラ・プロムナード」、パリ「フォーシェ」、ブルゴーニュの3つ星「レスペランス」など各地で研鑽を積む。96年に帰国し、銀座「オストラル」のスーシェフ、2001年に同店のシェフに就任。06年に独立開店。13年にビストロ「ランベリーBis」、14年に京都・八坂神社に「ランベリー京都」を開店。

住所　東京都港区南青山5-2-11　B1F
電話　03-6427-3209
HP　http://www.lembellir.com

à nu, retrouvez-vous

素材の意外な魅力に光を当てる

ア・ニュ　ルトゥルヴェ・ヴー
下野昌平

　フランス料理で「素材を生かす」ことの大切さがいわれるようになって久しいが、下野シェフがいつも意識しているのは、素材の「何」を生かすかだ。
「よさを全部引き出そうとすると、結局は何を表現したいのかが曖昧になります。まずは強調したいポイントを定め、調理法を探っていきます。味、香り、食感のどこをクローズアップするのか、そこからどんな魅力を引き出すのか、どのようにふくらませるのか。できるかぎり詳細に思い描きます。そのとき、他の魅力を切り捨てざるをえないこともありますが、そこに思い切りが大切。フランス料理は五感すべてを使って楽しむものだと考えているので、おいしさだけでなく、驚きを与えることを主眼に置き、素材の意外な一面を常に模索しています」

　加熱による性質変化が科学的に数値化されたことは、シェフにとっては優れた軍師を得たようなものだった。以前は自分自身の感覚や経験だけを頼りに試行錯誤を重ねてきたが、今は1℃単位で食感や味わいの変化が明確に把握できる。その微妙な温度帯を利用することで、同じ素材でもクローズアップできる魅力が飛躍的に増えたそうだ。

　素材のイメージを覆すことで、ときには批判を受けることもある。しかし、それを恐れていては前には進めない。素材に新たな妙味を与えるのが、下野シェフの使命である。

Shohei Shimono
1973年、山口県出身。辻調理師専門学校を卒業後、「ヴァンサン」と「ル・ブルギニオン」に約8年勤務。30歳で渡仏し、「トロワグロ」「タイユヴァン」で腕を磨き、常に進化し続けるフランス料理の偉大さを実感。「ル・ジュー・ドゥ・ラシエット」開店にあたって33歳で帰国。2009年独立開店。14年、銀座「イタリアンフレンチ セット・セッテ」を監修。

住所　東京都渋谷区広尾5-19-4
　　　SR広尾ビル1F
電話　03-5422-8851
HP　http://www.restaurant-anu.com

HOMMAGE

オマージュ
荒井　昇

深い火入れで、おいしさの世界を広げたい

　食材に与えるストレスを最小限に抑えた低温・長時間による火入れは、現代の料理人にとってすでに常識となっている。しかし、食材のおいしさは本当にそこに集約されるのだろうか？　そう問いかけるのが、荒井シェフだ。
「ジャスト・キュイという言葉の力が、あまりに大きくなりすぎた気がしています。確かにジャスト・キュイされた肉や魚はおいしいのですが、おいしさの基準をそれだけに限定したくないのです。
　たとえば、何気なくグリエした肉は焼き加減が均一ではないし、パサついた部分も多い。ですが、燻製の香りや、歯ざわりのよさ、一枚の肉の中で楽しめる味わいの変化など、深い火入れならではのおいしさがあります。
　その魅力を生かそうとすれば、ソースやつけ合わせもおのずと変化し、一皿の料理がもっとバリエーション豊かになるのではないでしょうか。もしかしたら、パサつかすことこそがおいしさの極意である、などという料理も生まれるかもしれません。現在は、ロゼ色の肉、キュイソン・ナクレの魚でなければお客さまに受け入れてもらえないことも多いですが、深い火入れの魅力をもっと伝えていきたいと思っています」
　巨匠アラン・パッサールが提唱した低温・長時間加熱は偉大だが、それは数あるフランス料理のおいしさのひとつ。深い火入れで、荒井シェフはおいしさの世界を広げようとしている。

Noboru Arai
1974年東京都出身。調理師学校を卒業後、都内のレストランで修業を積み、98年に渡仏。現在3つ星のローヌ地方「ル・クロ・デ・シーム」、プロヴァンス地方「オーベルジュ・ラ・フニエール」などで研鑽を積む。帰国後は洋菓子店で製菓を学び、さらに幅広い技術を身につける。2000年に地元である浅草の地で独立開店。

住所　東京都台東区浅草4-10-5
電話　03-3874-1552
HP　http://www.hommage-arai.com

Restaurant TANI

クラシック本来の味を、科学で深化させる

レストラン タニ
谷　利通

科学的なデータを取り入れたことで、谷シェフ自身がもっとも変化を感じているのは、従来の火入れ法の認識そのものが根本から覆ったことである。たとえば、煮込みやコンフィは「パサつく」ことが調理法の個性だと思っていたが、水分流出のメカニズムを意識して調理プロセスを見直してみると、驚くほどジューシーに仕上げられるようになった。

個性だと受け止めていた欠点が見事に改善できたことは、シェフに大きな衝撃を与えた。とくに冷たい前菜や魚料理は、徹底した温度管理によってさまざまな食感を表現できるようになり、料理の幅が格段に広がったという。

いっぽうで、肉料理に関してはクラシックな調理法で引き出される味のよさを再認識した。表面を強火で焼きつけることで生まれる噛み応え、噛み締めることで肉汁が溢れる口内の快感。「リソレでは肉汁を閉じ込められない」と科学的に立証されたとしても、強火の加熱による荒々しいおいしさは、低温調理にはない「肉を噛む」という満足感を与えてくれる。

メリットとデメリットを一から見直すなかで、それぞれの料理に求める味わいがより明確になり、それを表現するために再度調理法を見直す。このプロセスを繰り返すことで味の精度が上がっていくのだという。

「決して斬新な味を求めているわけではありません。あくまでクラシックなおいしさを大切にしたい。そのおいしさは現在の調理理論による再検証で、さらに深

Toshimichi Tani
1974年、神奈川県出身。19歳で広尾「アラジン」に入社し、川崎誠也氏に師事。23歳で渡仏し、レストランにとどまらず、ブーランジェリーやシャルキュトリーなどでも研鑽を積む。帰国後、アラジンのスーシェフを経て、「メゾン カシュカシュ」のシェフを約6年務める。2012年、独立開店。

化できると信じています」

クラシックを現代風に仕立て直すのではなく、科学の活用でクラシック本来の味わいをより深めるのが、谷シェフの進む道である。

住所　東京都港区南青山3-2-6
　　　モリヤサンライトビル2F
電話　03-6804-2266
HP　http://www.restaurant-tani.com

CHIC peut-être

シック プッテートル
生井祐介

火入れで発掘する新しい食感

　生井シェフが火入れでもっとも意識するのは、食感。フランス料理の魅力は複合的な味わいにあるが、食感でも同じことがいえるのだという。
「私自身が食感フェチなのです。食感の変化に富んだ料理を食べると、食べるリズムがよくなって楽しみがふくらみますし、未知なる食感と出会ったときの驚きは、食事を最高のものにしてくれます。自分の料理でも、必ず食感の異なる素材を組み合わせてコントラストをつけ、食感だけでも満足できるような一皿を目指しています」
　そのためには、理想の食感を的確に引き出し、強調する必要がある。火入れでは、味や香り以上に食感の変化はシビア。たった1℃の誤差で劇的に変わるため、厳密な温度管理が欠かせない。しかし、その難しさは同時に面白さでもあるという。
「とくに魚の火入れは楽しい。日本の魚は生でおいしく食べられるほど新鮮ですから、どんな温度帯にでも仕上げられます。ほんの少し温度を変えるだけで、ひとつの魚種から幾多もの食感を引き出せるので、興味は尽きません」
　ありふれた食材から、いままで誰も気づかなかった新しい食感を発掘したい。生井シェフは並々ならぬ情熱を食感の探究に注いでいる。

Yusuke Namai
1975年東京都出身。25歳で料理の道を志し、都内のフレンチ、イタリアンで修業を積む。2003年に「レストランJ」に入社。植木将仁氏に師事し、軽井沢「ウルー」では3年間シェフを務める。2012年、「シック プッテートル」の立ち上げに参加し、シェフに就任。

住所　東京都中央区八丁堀3-6-3
電話　03-5542-0884

Liberté a table de TAKEDA

リベルテ ア ターブル ド タケダ

武田健志

素材の潜在能力を引き出すのが、料理人としての使命

　調理道具の発達によって、火入れ中の温度も芯温もひと目で分かるようになった。しかし、「数値に頼りすぎてはいけない」と武田シェフは自分を戒める。

　温度管理によって大きなブレは激減するが、それだけでは真にジャストな火入れは狙い切れない。同じ種類の素材でも、個体差によって身質が大きく異なるからだ。

　「どんな調理法においても、もっともおいしいジャスト・ポイントは、一点しかありません。その針穴のように狭い一点を狙っていくには、何よりも目の前にある素材と真剣に向き合うことです。水分、旨み、香り、食感……同じ産地、同じ種類でもバランスは微妙に異なります。そこをしっかり捉え、目の前の素材にとってのベストを見定める。

　私は、素材の力が料理の味の8割を決定すると思っています。残りの2割は、素材に潜在する力を料理人がどこまで的確に引き出せるかにかかっています。科学的な数値は参考にしますが、最終的には自分自身の感覚で見極めるのが確実ですし、料理人の喜びだと感じています」

　スチームコンベクションの導入によってイメージした火入れがより実現しやすくなった、とも話す武田シェフ。科学的なデータや最新の機器に翻弄されず、どこまで使いこなせるかが、いま料理人に求められるのではないだろうか。

Kenji Takeda
1976年、神奈川県出身。95年「オテル・ドゥ・ミクニ」に入社し、フランス料理の世界に魅せられる。25歳で渡仏し、3つ星「トロワグロ」、「ジャルダン・テ・サンス」で約2年間修業。帰国後は丸の内「サンス・エ・サヴール」を経て、09年神宮前「レストラン・アイ」のシェフとして腕をふるう。12年に独立開店。

住所　東京都港区麻布十番2-7-14 1F
電話　03-5765-2556
HP　http://www.azabu-liberte.com

gri-gri

グリグリ
伊藤　憲

ひとつの食材で、いくつもの味を重ねる

　フランス料理のおいしさは「旨みを重ね合わせることだ」と伊藤シェフは話す。「クラシックな料理は、食材を組み合わせることで重層的な深い味わいを生み出していました。もちろん、組み合わせは私も重要視しています。しかし、火入れを工夫すれば、ひとつの食材だけを使っても、味の重層構造を作り出すことが可能ではないでしょうか」

　そんなシェフの考えが顕著に現れているのが、24ページで紹介した「卵のすべて」だ。火入れ方法を変えることで、卵というひとつの食材から異なるふたつの味を引き出し、ひと口で両方が食べられるようにプレゼンテーションも工夫した。28ページの「カブのスープ」では、フレッシュな香りと加熱で生まれる甘味という、本来は同時に存在できない持ち味を重ねることで新しいおいしさを生み出している。

　新たな技術が日々開発され、世界中で共有される現在。フランス料理、スペイン料理といったジャンルの垣根は低くなったように感じる。しかし、同じ技術を用いていても、その料理の根幹には必ずアイデンティティーが存在している。フランス料理の特性である「重層的なおいしさ」を、伊藤シェフは高度な加熱テクニックによって表現しようとしている。

Ken Ito
1976年、愛知県出身。服部栄養専門学校を卒業後、「ル・グラン・コントワー」で4年間修業。2003年に渡仏し、ローヌ地方で現在3つ星「ピック」等で研鑽を積み、スペイン・バスク地方では、3つ星「マルティン・ベラサテキ」で修業。帰国後、08年に名古屋で独立開店。12年、麻布十番に移転。

住所　東京都港区元麻布3-10-2
　　　VENTVERT 2F
電話　03-6434-9015
HP　http://www.gri-gri.net

le vin quatre

ル・ヴァンキャトル
北野智一

基本の機器で最新の火入れを可能にする研究心と分析力

　独立してもうすぐ2年。前途洋々な北野シェフがいま挑戦するのは、限られた設備のなかで、いかに理想の火入れを具現化するかだ。

　ル・ヴァンキャトルの調理場には、スチームコンベクションをはじめ、最新鋭の加熱調理機器は備わっていないが、科学的なデータに基づいて調理法を見直すことによって、カバーする方法は必ず見つかるという。

　「まずはいまある調理機器の長所と欠点を完全に理解することです。そして理想の火入れのためには何が足りないのかを分析し、克服する方法を編み出しています。試行錯誤を繰り返すので時間はかかりますが、科学的なデータと照らし合わせれば、上手くいかない原因がはっきり割り出せ、工夫次第でどんな火入れも可能なはずです。

　また、原因と結果を常に考えているうちに、外からは見えない素材の内部の状態がはっきりイメージできるようになり、応用力がついてきました。ひとつの方法だけに固執せずに発想を転換し、変えることを恐れず、理想の火入れを目指すことで、料理の幅を広げていきたい」

　北野シェフが編み出すユニークな火入れの数々は、最新機器を使いこなす料理人たちにも大きな刺激を与えていくことだろう。

Tomokazu Kitano
1979年、兵庫県出身。辻調グループフランス校を卒業後、20歳で恵比寿「レストラン　ドゥ　レトワール」に入社し、基礎を学ぶ。中目黒「コムダビチュード」と西麻布「ル・ブルギニオン」では、スーシェフとして腕をふるう。2013年3月に独立開店。

住所　東京都豊島区目白2-3-3
　　　目白Yビル1F
電話　03-5957-1977
HP　http://www.le-vinquatre.jp

シェフの才能を加速する

最強の加熱マシン

火入れで必要不可欠とされるのが、厳密な温度管理。
シェフの強力なパートナーになる調理機器4種の性能を比較してみた。

スチームコンベクションオーブン

熱風を庫内に対流させるコンベクションオーブンに、水蒸気発生機能がついた画期的な調理機器。いまでは「スチコン」の愛称で親しまれる。機能は各メーカーによって異なるが、基本的には、熱風だけを使用するオーブンモード、蒸気を循環させるスチームモード、熱風と蒸気を同時に庫内に循環させるコンビネーションモードの3つに大きく分かれる。使い方によって「焼く」「蒸す」「煮る」「炒める」「揚げる」など、加熱調理の約8割が可能になり、「スチームコンベクションオーブンはひとつの調理法として確立した」というシェフの声も少なくない。

30℃から300℃程度まで（※）、1℃単位の温度調節が可能で、庫内の温度を一定に保てるため、加熱過多や加熱のムラが防げ、均一に仕上げられるのが魅力だ。また、加熱だけでなく、保温にも最適。営業中は、ソースなどを適温に保たせる保温庫として活用しているシェフも多い。

※設定できる温度は機種によって異なる。

ウォーターバス

別名、恒温水槽。容器内に貯めた水の温度を自動で一定に保つことができる機器である。もともとは科学実験に用いられていたが、温度管理の精度の高さが料理界でも注目され、ドイツ・ユラボ社は2010年に調理専用のウォーターバス「フュージョンシェフ」を発表した。

素材を真空パックし、水の温度を設定して加熱するのが基本的な使い方。温度は、室温プラス5℃から95℃までの範囲で、0.1℃単位で調節が可能。上位機種である「ダイヤモンド」なら、0.01℃単位まで詳細に設定できる。

スチームコンベクションオーブンの場合、扉の開閉で庫内の温度が下がることもあるが、ウォーターバスは誤差がほぼゼロで、より精度の高い温度管理が可能だ。オプションの芯温センサーを使えば、真空パックの上からでも芯温を計れる点も魅力である。

フュージョンシェフは、水槽つきのタイプと、温度調整機器のみのタイプがあり、後者は一般的な鍋やボウルなどに簡単に設置できるため、場所を取らずに使用できる。

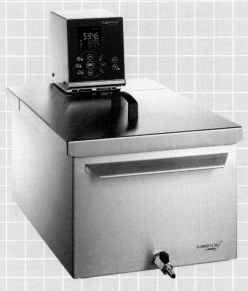

フュージョンシェフ・水槽つきタイプ
（ユラボジャパン株式会社）

オイルバス

別名、恒温油槽。ウォーターバスと同じく、もともとは科学実験用の機器。水ではなく、容器内に貯めた油の温度を一定に保つ。室温プラス5℃から180℃まで（※）、1℃単位で温度調節が可能。真空パックにかけず、素材をそのまま油の中に入れることができ、使用する油の種類も自由に選べるのが特徴だ。

4年前に導入し、愛用している岸本シェフによると、均一な火入れができるのはもちろん、油で素材の水分流出が防げるのが大きな特徴。また、表面を香ばしく焼き上げた肉をそのまま入れても、油と水が結合しないため、カリッとした食感を残せるのも魅力だそうだ。

※設定できる温度は機種によって異なる。

恒温油槽（東京理化器械株式会社）

ガストロバック

容器内を減圧しながら加熱できる調理機器。2004年にスペインで発明され、日本でも5年ほど前から徐々に人気を集めている。

原理は真空パック調理と同じで、容器内を低圧状態にすることで調味液が素材に浸透しやすくなる。また、沸点が下がるため、低温での加熱調理が可能になり、素材へのダメージが少ないというメリットがある。

真空の場合、味や香りの浸透率が通常に比べて3倍に上がるため、しみ込みすぎるリスクがあるが、ガストロバックは減圧率を1％単位で調節できるので、味や香りの浸透率を自由に変えられる。また、真空パックのように素材をつぶさず、形を保ったまま調理できるのも魅力だ。使いこなすには高度な知識と経験を要するが、これまでにない食感や味わいを表現するのに大きな可能性を秘めた機器である。温度は、10℃から150℃の範囲で、1℃単位で調節できる。

ガストロバック（株式会社エフ・エム・アイ）

取材協力

【ウォーターバス】
ユラボジャパン株式会社
大阪府和泉市テクノステージ
1-3-17
TEL 0725-51-3401

【オイルバス】
寿産業株式会社
東京都大田区大森南4-11-15
TEL 03-5735-4311

【オイルバス】
東京理化器械株式会社
東京都文京区小石川1-15-17
TN小石川ビル6F
TEL 03-6757-3377

【ガストロバック】
株式会社エフ・エム・アイ
東京都港区麻布台1-11-9
TEL 03-5561-6522

Recettes
カラーページで紹介した料理の詳しいルセット

フォワグラの小さなテリーヌ　栗の渋皮煮と塩のシャンティ

カラー写真は6ページ

材料
フォワグラのテリーヌ
（縦20cm×横4cm×高さ4cmの型1本分）
- 鴨のフォワグラ　　　　　　　　500g
- フルール・ド・セル　　　　　　　5g
- カソナード　　　　　　　　　　2.5g
- コニャック　　　　　　　　15〜20ml

栗の渋皮煮（30人分）
- 生栗　　　　　　　　　　　　　30個
- 重曹　　　　　　　　　　　　　適宜
- 水　　　　　　　　　　　　　　3ℓ
- グラニュー糖　　　　　　　　　300g
- シナモンスティック　　　　　　1本
- コニャック　　　　　　　　　　30ml
- パンデピスパウダー　　　　　　適宜
- 47%生クリーム、グラニュー糖、塩　各適宜
- カタバミ、トリュフ　　　　　各適宜

＊パンデピスパウダーは、自家製のパンデピスをディッシュウォーマーで1日乾燥させ、ミルサーで粉にしたもの。

作り方

フォワグラをディッシュウォーマーで加熱する

1. フォワグラは室温に戻し、バットにのせ、開いて血管をすべて取り除く。
2. フルール・ド・セル、カソナード、コニャックをふり、冷蔵庫で一晩マリネする。
3. 冷蔵庫から出したらすぐ70℃のディッシュウォーマーに入れ、均一に熱が入るようバットの向きを何度か変えながら約25分温め、芯温を38℃にする。
4. ザルにあけて脂を切り、ザルに入れたまま冷蔵庫で10分冷まして粗熱を取る。
5. ラップを敷いた型にフォワグラを詰め込み、型を叩いて空気を抜く。冷蔵庫で1〜2時間休ませる。
6. 上に重しをし、冷蔵庫で1日寝かせる。フォワグラから溶け出た脂を熱して紙で漉したものを上から流し、空気を遮断すれば2週間の冷蔵保存が可能。

栗の渋皮煮を作る

1. 栗の鬼皮をむく。湯にしばらく浸し、ふやかすとむきやすい。
2. 重曹を入れた水から3回ゆでこぼしてアクを抜き、かたい筋を取り除く。
3. 鍋に 2 と水、グラニュー糖、シナモンスティック、コニャックを入れて火にかける。煮立ったら弱火にし、落とし蓋をして30分〜1時間煮る。
4. そのまま一晩おいて味を含ませる。

テリーヌに栗とパンデピスをまぶす

1. テリーヌを1.5cm厚さに切り、さらに2等分する。まわりに渋皮煮のみじん切りを張りつけ、パンデピスパウダーをまぶす。
2. 4%量のグラニュー糖と1%量の塩を加えて泡立てた生クリームをクネル形にすくってのせ、カタバミと丸く抜いたトリュフの薄切りを飾る。

ポワローとアワビのテリーヌ　肝のソース

カラー写真は12ページ

材料（縦13cm×横8cm×高さ6cmのテリーヌ型1本分）
- マダカアワビ　　　　　　　　　1個
- ポワロー　　　　　　　　　　1.5本
- 塩　　　　　　　　　　　　　　適宜
- アワビの煮汁　　　　　　　　200ml
- 板ゼラチン（水で戻す）　　　　2枚

肝のソース
- マダカアワビの肝　　　　　　1個分
- 無塩バター　　　　　　　　肝と同量
- 塩、カイエンヌペッパー　　　各適宜
- シェリーヴィネガー　　　　　　適宜

作り方

マダカアワビを圧力鍋で蒸す

1. アワビは殻をタワシでよくこすって汚れを落とし、身は塩でこすり洗いをしてぬめりを取る。
2. 殻から身を取りはずし、肝を切りはずす。身は殻に戻す。肝はソースに使用するので、生のまま取り置く。
3. 圧力鍋に網をセットしてアワビをのせ、殻が浸らないぎりぎりまで水を張る。
4. 蓋をして中火にかける。蒸気が出てきたら弱火に落として45分間加熱し、火を止めて蒸気が抜けるまで冷ます。蓋を開けてアワビを取り出す。鍋に残った蒸し汁200mlはテリーヌ用に使うので取り置く。

ポワローをスチームコンベクションで蒸す

1. ポワローの一番外側のかたい葉をはがし、縦に半割りにし、水洗いして葉の間にかんだ土を除く。網の上に並べて全体に塩をふり、30分間常温におく。
2. 110℃のスチームコンベクションで約15分間加熱する。取り出して冷ましておく。

テリーヌ型に詰めて冷やす

1. アワビの蒸し汁を温め、板ゼラチンを加えて溶かし、漉しておく。
2. ポワローをテリーヌ型の長さに切り揃える。アワビは5mm厚さに切る。
3. テリーヌ型にラップを敷き詰める。ポワローとアワビを 1 に浸しながら、型に交互に詰める。一番下と一番上がポワローになるように。残りの汁を上からかけて表面をならし、ラップでぴったり蓋をする。
4. 氷水を張った深めのバットに型を沈め、急冷して固める。

ソースを作って盛りつける

1. 鍋にアワビの肝とバターを入れて中火にかけ、バターを静かに沸騰させながら加熱する。
2. 肝に火が入り、固まってきたら肝だけを取り出してミキサーにかけ、塩、カイエンヌペッパー、シェリーヴィネガーを混ぜ合わせて味を調える。
3. テリーヌを1.5cmにスライスして皿に盛り、ソースをまわりに流す。

イカ墨のエクレアに詰めたブーダン・ノワール

カラー写真は10ページ

材料
ブーダン・ノワール（縦32cm×横11cm
　×高さ8cmのテリーヌ型2本分）
　豚の背脂 250g
　玉ねぎ（みじん切り） 300g
　にんにく（みじん切り） 30g
　塩 33g
　キャトル・エピス 6g
　黒こしょう 4g
　ナツメッグ 2g
　パセリのみじん切り 40g
　45％生クリーム 420ml
　牛乳 80ml
　コーンスターチ 30g
　豚血 1ℓ
イカ墨のエクレア生地（長さ7cm15本分）
　牛乳 180ml
　無塩バター 91g
　塩 ひとつまみ
　イカ墨 40g
　強力粉 90g
　全卵 3個
りんご 適宜
ヴィネグレット・ソース
　シードルヴィネガー 50ml
　蜂蜜 大さじ1
　ビドフィックス（天然材料の増粘剤） 3g
　サラダ油 100ml
　塩、白こしょう 各適宜
紫芽、紅タデのスプラウト、レッドア
　マランサス 各適宜

作り方
テリーヌ型でブーダン・ノワール生地を加熱する

1　豚の背脂を細挽きにし、鍋に入れて弱火でゆっくりと煮溶かす。

2　玉ねぎ、にんにくを加え、強火で炒める。水分が出てきたら弱火にし、塩を加えて水分が飛ぶまで炒める。

3　キャトル・エピス、黒こしょう、ナツメッグ、パセリを加え、パセリの香りが出たら生クリーム、牛乳で溶いたコーンスターチを加えて、混ぜながら軽く沸騰させて濃度をつける。

4　豚血を一度に加えて泡立て器で混ぜ合わせ、ほんの少し濃度がついたところで火からはずす。

5　ラップを敷き込んだテリーヌ型に流し、蓋をする。湯を張って布を敷いたバットにのせて湯煎にし、160℃のオーブン（下火のみ）で45分間加熱する。

6　型を氷水に浸けて急冷し、粗熱が取れたら冷蔵庫で冷やす。

真っ黒いエクレアを焼く

1　牛乳にバター、塩を加えて強火にかける。イカ墨を少量の牛乳（分量外）で溶いておく。

2　牛乳が沸騰したら火からはずして強力粉をふるい入れ、中火にかける。木べらで練りながら粉に火を入れていく。途中でイカ墨を加える。

3　生地が鍋底につかなくなったらキッチンエイド（製菓・製パン用ミキサー）に移し、溶いた全卵を少しずつ加えながら平面ビーターで混ぜる。生地をすくったときゆっくり三角形に落ちる程度の固さになるよう、濃度を見ながら全卵の量を調節する。

4　直径8mm丸口金をつけた絞り袋に詰め、オーブンシートを敷いた天板に7cm長さに絞り出し、190℃のコンベクションオーブンで10分間焼き、網にのせて冷ます。

つけ合わせを作り、仕上げる

1　りんごのピュレを作る。りんごの皮をむいて薄切りにし、ビタミンC（分量外）を溶かした水に浸けて変色を防ぐ。

2　鍋でくったりするまで炒め、ミキサーにかけてピュレにする。

3　ヴィネグレット・ソースの材料を混ぜ合わせる。

4　2人分につきブーダン・ノワールを1cm厚さに切り、300ワットの電子レンジで30秒間加熱する。

5　イカ墨のエクレアを横半分に切って中身をくりぬき、4を詰める。200℃のオーブンで約2分間、表面をカリッと焼く。

6　皿にりんごのピュレを流してエクレアをのせ、りんごのせん切りと紫芽をのせる。

7　紅タデのスプラウトを添えて3をかけ、レッドアマランサスをあしらう。

ラタトゥイユのコンソメ

カラー写真は30ページ

材料（10人分）
なす 20個
玉ねぎ 5個
トマト 5個
セロリ 8本
ピーマン 30個
コリアンダーシード 20粒
塩 適宜
ジュース用
　トマト 10個
　塩 適宜
板ゼラチン 液体量の1％
卵黄 4個

作り方
野菜から出た水分でコンソメを作る

1　なすは皮をむいて縦半割り、玉ねぎとトマトは横に半割り、セロリは長さを半分に切り、ピーマンは半割りにして種を取る。全部を鍋に入れ、コリアンダーシードと塩を加える。

2　鍋に蓋をし、250℃のオーブンで30分間蒸し煮にする。

3　野菜から出た水分を別の鍋にあける。

4　2と3の作業を、野菜から水分が出なくなるまで7〜8時間繰り返す。水分は冷蔵庫で冷やしておく。

5　トマトと塩をミキサーにかけてジュースにし、ポットに移して一晩おくと固形分が下に沈む。透明な上澄みを紙で漉す。

6　味を見ながら4に5を混ぜ合わせる。割合はそのつど野菜の状態によって変わるが、9対1くらいがちょうどいい。塩で味を調える。

7　少量のコンソメをわかし、板ゼラチンを溶かす。これをコンソメに混ぜ合わせ、冷蔵庫で冷やし固める。

盛りつけ

1　卵黄に塩ひとつまみを加えて溶く。

2　スープ皿にコンソメをくずしながら盛り、1を注ぎかける。

毛ガニのサラダ

カラー写真は14ページ

材料（4人分）
- 活毛ガニ　1杯
- オレンジのクーリ
  - オレンジ　2kg
  - 水　1ℓ
  - グラニュー糖　1200g
  - レモン汁、塩　各適宜
- ハーブオイル
  - イタリアンパセリ、セルフィユ、ディル、エストラゴン　各適宜
  - エクストラ・バージン・オリーブオイル　適宜
  - マルトセック（タピオカ由来のマルトデキストリン）　適宜
- レディースサラダ大根　1本
- マヨネーズ、エクストラ・バージン・オリーブオイル、ライムの絞り汁　各適宜
- アボカド　1/4個
- 黒タピオカ　20g
- マスの卵、三つ葉　各適宜

作り方

毛ガニを蒸す

1. 毛ガニは必ず生きたものを使う。85℃のスチームコンベクションで15分間加熱し、いったん取り出して脚を取りはずす。胴体をスチームコンベクションに戻し、さらに10～15分間加熱する。火を入れすぎると身がパサパサになるので、ジャストの瞬間に取り出すこと。
2. 身とミソを殻から取り出し、この料理には120gを使用する。

オレンジのクーリとハーブオイルパウダーを用意する

1. オレンジは皮をむき、薄切りにする。
2. 水にグラニュー糖を煮溶かしてシロップを作る。沸騰したらオレンジを加え、再び沸騰したら火を止めてそのまま2～3日間漬け込み、味をなじませる。
3. 果肉とシロップに分ける。果肉をミキサーでピュレにする。シロップを足して適度な濃度に調節し、レモン汁と塩で味を調える。
4. 香草に刃がまわる程度のオリーブオイルを加え、ミキサーでピュレにする。
5. 紙で漉す。紙に残った固形分はウォーマーで乾燥させる。
6. ハーブオイルをマルトセックに混ぜ合わせて粉状にする。色を見ながら乾燥させた固形分を加えて薄いグリーンに仕上げる。

毛ガニのサラダを作って仕上げる

1. レディースサラダ大根を縦にごく薄く切り、半分に切る。細長いスライスを12枚用意する。
2. 1の残りをブリュノワーズ（1～2mm角）に刻み、カニのむき身と混ぜ合わせてマヨネーズ、エクストラ・バージン・オリーブオイル、ライムの絞り汁で調味する。最後に3mm角に切ったアボカドを合わせる。
3. 大根のスライスをリング形に丸めて中に2を詰め、皿に盛る。
4. オレンジのクーリとハーブオイルパウダーを添え、ゆでた黒タピオカ、マスの卵、三つ葉をあしらう。

ロニョン・ド・ヴォーのポシェ

カラー写真は16ページ

材料（1人分）
- つけ合わせ
  - ちりめんキャベツ　4枚
  - 自家製ラルド　10g
  - 47％生クリーム　50mℓ
  - 塩、黒こしょう　各適宜
- マスタード・ソース（出来上がりは250mℓ）
  - 白ワイン　2ℓ
  - エシャロット　2個
  - シャンピニオン　5個
  - 粗く砕いた黒粒こしょう　10粒
  - フォン・ド・ヴォー　200g
  - 塩、黒こしょう　各適宜
  - ディジョンマスタード　大さじ2
  - 粒マスタード　大さじ1
  - にんにくオイル、パセリのみじん切り　各小さじ2
- ロニョン・ド・ヴォー（仔牛の腎臓）　脂を除いた正味80g
- フォン・ブランの2番　200mℓ
- コニャック　10mℓ
- 塩　適宜
- カイエンヌペッパー（ホール）　1/2本

*自家製ラルドの作り方は、豚の背脂のかたまりに塩30g、グラニュー糖3gをすり込み、真空パックで約半年、冷蔵庫で熟成させる。

*にんにくオイルは、ピュア・オリーブオイル100mℓに押しつぶしたにんにく1片、タイム2本を加えて弱火でゆっくり温めて香りを移し、冷ましたもの。

作り方

つけ合わせを用意する

1. ちりめんキャベツを塩ゆでし、そのうち3枚を5mm幅に刻む。
2. 鍋でラルドを温め、脂が出てきたら刻んだキャベツを加え、軽く塩をし、弱火で柔らかくなるまで炒める。
3. 生クリームを加えて全体にからめながら煮詰め、塩、こしょうで味を調える。
4. プリンカップに残り1枚のキャベツを敷いて3を詰め、包み込んで蓋をする。
5. 使うときにバンマリーポットで温める。

マスタード・ソースを作る

1. 鍋に白ワイン、薄切りのエシャロットとシャンピニオン、黒粒こしょうを入れて中火にかけ、1/5量まで煮詰める。
2. フォン・ド・ヴォーを加え、1/3量になるまで煮詰め、シノワで漉す。
3. 塩、こしょうで味を調え、2種のマスタード、にんにくオイル、パセリのみじん切りを混ぜ合わせて仕上げる。

ロニョンをポシェして仕上げる

1. ロニョンは脂とすじをすべて取り除き、ひと口大に切り、常温に戻す。
2. 鍋にフォン・ブランの2番、コニャック、しょっぱいと感じる量の塩、カイエンヌペッパーを加え、熱する。
3. 70℃になったらロニョンを加え、液体温度を65℃に保たせて10分間ゆでる。
4. 鍋を火からはずし、液体に漬けたまま10分間休ませる。
5. 皿にロニョンとつけ合わせを盛り、1人分につき大さじ2杯のソースを流す。

昆布森の真ガキのポシェ　枝豆のピュレとアボカドのマヨネーズ

カラー写真は18ページ

材料（4人分）
セロリ昆布だし
　昆布 ……………………………… 15g
　水 ………………………………… 2ℓ
　セロリの葉 ……………………… 1/3株分
殻つき真ガキ ……………………… 4個
アボカド …………………………… 1個
マヨネーズ ………………………… 50g
赤玉ねぎ（みじん切り）………… 20g
シトロン・キャビア
　（オーストラリア産柑橘）…… 1本
タバスコ、塩 ……………………… 各適宜
枝豆（さやから出す）…………… 100g
ピュア・オリーブオイル ………… 適宜
フォン・ブラン …………………… 30㎖
38％生クリーム、牛乳 …………… 各15㎖
海水 ………………………………… 100g
板ゼラチン（5倍量の水で戻す）… 4g
クルトン、紫芽、青芽 …………… 各少々

＊マヨネーズは卵黄1個、ディジョンマスタード30g、白ワインヴィネガー10㎖、ヒマワリ油50㎖の割合で作る。

作り方
セロリ昆布だしを用意する
1. 材料を鍋に入れて蓋をし、中火にかける。
2. 沸騰したら火を止め、そのまま1時間冷まして漉す。

カキの身を低温で加熱する
1. カキの殻をあけて身を出し、鍋に入れる。セロリ昆布だしをかぶる程度に加え、ごく弱火にかける。
2. 56℃から7〜8分間かけて60℃まで上げ、鍋ごと氷水で急冷する。ボウルにゆで汁ごと移して冷やしておく。

カキをジュレでコーティングする
1. アボカドは半分をピュレにし、残り半分を5㎜角に刻み、マヨネーズと混ぜ合わせる。
2. 赤玉ねぎとシトロン・キャビアの中身を1に加え、タバスコと塩で味を調える。
3. 枝豆をオリーブオイルで炒め、フォン・ブランを加えて煮る。
4. 柔らかくなったら生クリームと牛乳、塩を加え軽く煮立て、ミキサーでピュレにして冷ます。
5. 海水を煮沸してゼラチンを溶かす。氷水で冷やしながら泡立て器で攪拌し、白濁させる。
6. カキの殻に2を敷き、クルトン、紫芽、青芽を散らす。
7. カキの水気を切り、上面だけに4を薄く塗り、6の上にのせる。5をまわしかけて冷蔵庫で冷やす作業を3回繰り返し、ジュレで厚くコーティングする。5分前に冷蔵庫から出して提供する。

トリュフ風味のポンムピュレとフォワグラのポワレ

カラー写真は22ページ

材料（2人分）
じゃがいも（メークイン）……… 中2個
塩 …………………………………… 適宜
47％生クリーム
　……… 裏漉したじゃがいもの20％量
無塩バター
　……… 裏漉したじゃがいもの10％量
黒トリュフのみじん切り ………… 小さじ1
マデラソース（出来上がりは100㎖）
　マデラ酒 ………………………… 1本
　エシャロット …………………… 小1個
　粗く砕いた黒粒こしょう ……… 小さじ1
　赤ワインヴィネガー …………… 大さじ1
　フォン・ド・ヴォー …………… 100㎖
　塩、黒こしょう ………………… 各適宜
鴨のフォワグラ … 40gのスライス2枚
白こしょう ………………………… 適宜

作り方
じゃがいものピュレを作る
1. じゃがいもの皮をむき、1㎝角に切る。流水にさらしてデンプン質を落とす。
2. 鍋に2％の塩水と1を入れ、強火にかける。沸騰してから約5分間ゆでる。
3. ザルにあけて水気を切り、フッ素樹脂加工のフライパンで色がつかないよう炒め、水分を蒸発させる。軽い粉吹き状になったら裏漉す。
4. 鍋に生クリーム、バター、トリュフのみじん切りを入れて沸騰させ、3を加えて混ぜ合わせる。塩で味を調える。

ピュレでクルスティアンを焼く
1. じゃがいものピュレを直径1㎝に丸める。
2. これを2個、オーブンペーパーに挟み、指で押して平らに広げる。
3. ふくれないよう重しをのせ、180℃のコンベクションオーブンで8分間焼く。ペーパーをていねいにはがし、湿らないよう保存する。

マデラソースを作る
1. マデラ酒、エシャロットのみじん切り、黒粒こしょう、赤ワインヴィネガーを1/4量に煮詰める。
2. フォン・ド・ヴォーを加え、1/3〜1/4量までさらに煮詰める。
3. 塩、こしょうで味を調え、シノワで漉す。

フォワグラを焼いて仕上げる
1. フォワグラの大きな血管を取り除き、塩、こしょうをふる。
2. 中火にかけたフライパンでソテーする。溶け出した脂をペーパーでこまめに除きながら両面にこんがりと焼き色をつける。
3. ピュレを直径1.3㎝の丸口金をつけた絞り袋に詰め、皿の中央に渦巻き状に絞り出し、フォワグラをのせる。
4. 残りのピュレを直径8㎜の丸口金をつけた絞り袋に詰め、フォワグラの上にドット状に絞り出す。サラマンダーで軽く温め、トリュフの香りを立たせる。
5. 1人分につき小さじ2杯のマデラソースを流し、クルスティアンを飾る。

セップのヴルーテ

カラー写真は32ページ

材料
セップのヴルーテ（出来上がりは1.2ℓ）
　セップ茸（生）……………………1kg
　玉ねぎ……………………………1個
　無塩バター（炒め用）、ピュア・オリー
　　ブオイル…………………………各適宜
　フォン・ブラン……………………500㎖
　35％生クリーム…………………300㎖
　無塩バター………………………100g
　塩、黒こしょう…………………各適宜
フォワグラのフラン（20人分）
　フォン・ブラン……………………200㎖
　35％生クリーム…………………200㎖
　鴨のフォワグラ…………………500g
　全卵………………………………8個
　塩…………………………………5g
　グラニュー糖……………………10g
　黒こしょう………………………1g
　ルビー・ポルト酒………………適宜
茸のソテー（4人分）
　セップ茸、マイタケ、ヒラタケ、丹波シメジ、
　　シャンピニオン　　合わせて120g
　ピュア・オリーブオイル…………適宜
　無塩バター……………………小さじ1
　エシャロットのシズレ（ごく小さな
　　角切り）………………………小さじ1
　フィーヌ・ゼルブ（セルフィユ、
　　イタリアンパセリ、シブレット、
　　シブレット）……………ひとつまみ
　塩、黒こしょう…………………各適宜
　クルトン………………1人分につき1個

＊クルトンはごく薄い食パンのスライスを直径2㎝の丸形に抜き、1日常温で乾燥させた後、サラマンダーで色づける。

作り方
セップのヴルーテを作る
❶　セップ茸は大きめのざく切りに、玉ねぎは薄切りにする。
❷　鍋にバターを溶かし、玉ねぎを色づかないように炒めてしんなりさせる。
❸　フライパンにオリーブオイルを敷き、セップ茸を強火で炒めて一気に色づけ、香りを立てる。
❹　❸を❷に入れ、フォン・ブランと生クリーム、バターを加え、煮立ったら弱火で1/3量になるまで煮込む。
❺　ミキサーで攪拌してピュレにし、シノワで漉して鍋に戻す。塩、こしょうで味を調える。

フォワグラのフランを作る
❶　フォン・ブランと生クリームを合わせて沸騰させ、50〜60℃に冷ます。
❷　適当に切ったフォワグラをミキサーで攪拌してピュレにする。途中、❶と卵を少しずつ加えて乳化させながらフォワグラを生地に溶かし込む。
❸　塩、グラニュー糖、こしょう、ポルト酒を混ぜて味を調える。
❹　1人分につき60gの生地をスープ皿に流し、82℃のスチームコンベクションで約30分間加熱する。皿の形、厚さによって加熱時間は異なるので、卵が凝固するぎりぎりのタイミングで取り出し、最上のなめらかさに仕上げる。

茸のソテーを作って仕上げる
❶　茸はそれぞれ大きめの一口大に切る。
❷　オリーブオイルを敷いたフライパンにセップ茸を入れ、強火で炒める。
❸　次にシャンピニオンを加え、ある程度火が入ったら残りの茸をすべて加え、オリーブオイルを適宜足しながらよい香りが立つまで炒める。
❹　バターを加えて香りを出し、エシャロットを加えて塩、こしょうする。
❺　仕上げにフィーヌ・ゼルブを加える。
❻　フォワグラのフランの上に茸のソテーを盛り、セップのヴルーテを流し、クルトンを添える。

栗拾いと栗のポタージュ

カラー写真は36ページ

材料（4〜6人分）
栗……………………………34〜36個
玉ねぎ………………………………1/4個
無塩バター…………………………適宜
ブイヨン・ド・ヴォライユ………400㎖
パート・ド・マロン（フランス製加糖
　マロンペースト）…………………70g
サラダ油……………………………適宜
塩、白こしょう……………………各適宜
コンソメ…………………200〜300㎖
ほうれん草…………………………適宜
栗の紅茶、ポピーシード………各適宜
牛乳、トリュフオイル…………各適宜

作り方
生栗、蒸し栗、揚げ栗の風味を融合させる
❶　栗は10個を50〜60℃のぬるま湯に浸けて5分おき、渋皮までむく。残りは鬼皮つきのまま40〜50分間蒸し、渋皮までむく。
❷　薄切りの玉ねぎをバターで色づかないよう炒めて甘味を出す。生栗を加え、さらに炒める。
❸　ブイヨンを加え、栗が柔らかくなるまで中火で煮る。
❹　蒸し栗10個を加え、10〜15分間煮込む。味がなじんだらパート・ド・マロンを加える。
❺　230℃に熱したサラダ油で残りの蒸し栗を揚げる。全体が濃げ茶色に揚がったら引き上げて油を切り、うち10個を❹に加えてさらに煮込む。残りの揚げ栗はつけ合わせに使う。
❻　味がなじんだら塩、こしょうで味を調え、ミキサーで攪拌してピュレにする。
❼　粗い目のシノワで漉し、コンソメで伸ばす。

牛乳の泡をのせて仕上げる
❶　ほうれん草の葉を90℃のコンベクションオーブンで1時間乾燥させる。
❷　ミキサーで砕いて粗い粉末状にした栗の紅茶とポピーシードを混ぜ合わせたものをグラスに敷き、ピックを刺した揚げ栗をのせて❶で隠す。
❸　牛乳を沸騰直前まで温め、バーミックスで泡立てる。
❹　温めたポタージュをグラスに注いで牛乳の泡をのせ、トリュフオイルをたらす。❷と一緒に供する。

ハマグリのコンフィ　生ハムのコンソメと共に

カラー写真は8ページ

材料（4人分）
生ハムのコンソメ（出来上がりは1.5ℓ）
　生ハム（切り落とし）……………… 1kg
　にんにく…………………………… 2株
　エシャロット……………………… 2個
　水…………………………………… 2ℓ
　ミックスエピス…………………… 大さじ1
ハマグリ………………………………… 4個
ピュア・オリーブオイル……………… 300mℓ
岩塩……………………………………… 少々

作り方
生ハムのコンソメを作る
❶ 生ハム、半割りにしたにんにく、みじん切りのエシャロット、水、ミックスエピスを鍋に入れて強火にかけ、沸騰したら弱火にして1時間煮込む。
❷ シノワで漉す。
ハマグリを芯温63℃に温め、仕上げる
❶ 鍋の底に網を敷いて常温のオリーブオイルを入れ、殻から出したハマグリのむき身を並べる。
❷ プラックの端に鍋を置き、20〜30分間かけて芯温をゆっくり63℃まで持

っていく。
❸ 油を切ってスープ皿に盛り、岩塩をふってまわりに熱いコンソメを注ぐ。

卵のすべて

カラー写真は24ページ

材料（8人分）
メレンゲ
　卵白………………………………… 100g
　アルブミナ（乾燥卵白）………… 10g
　塩…………………………………… 少々
　トレハロース……………………… 30g
　ジェルエスペッサ（増粘剤）…… 1g
新鮮な卵………………………………… 8個
マヨネーズ
　卵黄………………………………… 1個
　白ワインヴィネガー……………… 100mℓ
　サラダ油、塩……………………… 各適宜
ほうれん草のピュレ、パプリカ……… 各適宜
からすみパウダー、塩抜きした赤・青ト
サカノリ、生ウニ、キャビア……… 各適宜

＊ほうれん草のピュレは、塩ゆでした葉にエクストラ・バージン・オリーブオイルをからめて−20℃で冷凍し、パコジェット（冷凍粉砕調理器）にかけて粉砕し、裏漉ししたもの。

作り方
メレンゲを75℃で乾燥焼きする
❶ 卵白にアルブミナを加え、中速ミキサーで泡立てる。ある程度泡立ってきたら塩とトレハロースを3回に分けて加える。しっかり角が立ったらジェルエスペッサを加え、混ぜ合わせる。
❷ 直径8mmの丸口金をつけた絞り袋で、シルパットの上に直径4cmのドーム形を16個絞り出す。
❸ 75℃のコンベクションオーブンで6時間以上焼成する。
卵を64℃で45分間蒸す
❶ 卵をバットに並べ、64℃のスチームコンベクションで45分間蒸す。
❷ 殻を割り、卵黄だけを使用する。
マヨネーズを作って仕上げる
❶ 卵黄、白ワインヴィネガー、塩を混ぜ合わせ、サラダ油を少しずつ加えてかき立てる。サラダ油の量は味を見ながら

加減。できたマヨネーズにほうれん草のピュレ、パプリカを加えてグリーンとオレンジ、2色にする。
❷ メレンゲの中身をくり抜き、2個を1セットとして使う。下側のメレンゲの底を削り、からすみパウダーを敷いた皿にのせ、トサカノリ、卵黄、生ウニを詰め、上側のメレンゲで蓋をする。
❸ まわりとメレンゲの上に❶、キャビア、生ウニ、トサカノリを散らす。

かぶのスープ

カラー写真は28ページ

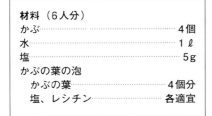

材料（6人分）
かぶ……………………………………… 4個
水………………………………………… 1ℓ
塩………………………………………… 5g
かぶの葉の泡
　かぶの葉…………………………… 4個分
　塩、レシチン……………………… 各適宜

作り方
かぶを80℃で1時間加熱後、ミキサーにかける
❶ かぶの皮をむく。ステンレスの角ポットに塩水を張り、かぶを入れる。水に落としラップをして、さらに角ポットの全体をラップで覆う。
❷ 75〜80℃のスチームコンベクションで1時間蒸す。
❸ ラップをつけたまま氷水で急冷する。
❹ 浮き実用にごく少量を残し、ミキサーにかける。
葉の泡を作って仕上げる
❶ かぶの葉を3分30秒間塩ゆでし、氷水にとって冷やす。
❷ ミキサーで撹拌して漉し、塩で味を調える。
❸ ピュレ300gに対して1〜3gのレ

シチンを加え、バーミックスで泡立てる。
❹ スープ皿にかぶのスープを注ぎ、取り置いたかぶをせん切りにして浮かべ、葉の泡をのせる。

サワラのルーロと海藻バター

カラー写真は20ページ

材料（4人分）
海藻バター
　無塩発酵バター……300g
　赤・青トサカノリ（塩蔵）合わせて30g
　塩……適宜
海藻オイル
　赤・青トサカノリ（塩蔵）合わせて50g
　エクストラ・バージン・オリーブオイル……200ml
アンチョビ・アイスクリーム
　牛乳……450ml
　35％生クリーム……50ml
　アンチョビ……75g
　アンチョビの漬け油……5ml
サワラ　200gのフィレ1枚
塩……適宜
エクストラ・バージン・オリーブオイル……適宜
ヴィネグレット・ソース
　白バルサミコ酢……100ml
　エクストラ・バージン・オリーブオイル……300ml
　塩……適宜
シブレット、トリュフ（ごく細く切る）……各少々

＊トサカノリはさっと流水にさらし、適度に塩気を残す。
＊ヴィネグレット・ソースは材料を混ぜ合わせておく。

作り方
海藻バターとオイル、アンチョビのアイスクリームを作る
1　海藻バターを作る。常温に戻したバターにみじん切りのトサカノリを練り合わせ、塩で味を調える。
2　海藻オイルを作る。材料を混ぜ合わせて−20℃で冷凍し、パコジェット（冷凍粉砕調理器）にかけてトサカノリを粉砕する。使用するときは溶かす。
3　アンチョビのアイスクリームを作る。材料を混ぜ合わせて−20℃で冷凍し、盛りつけの直前にパコジェットにかけてパウダー状に仕上げる。
サワラをコンフィにする
1　サワラに軽く塩をふってラップで包み、浸る量のオリーブオイルに沈め、60℃のスチームコンベクションで約20分間、芯温45℃まで加熱する。
2　ラップをはずして常温で冷ます。
3　海藻バター15gを中心に広げ、ラップで丸めて成形し、冷蔵庫で冷やす。
盛りつけ
1　サワラを4等分して皿に盛り、海藻オイルを散らし、ヴィネグレット・ソースをかける。
2　アンチョビのアイスクリームを添え、シブレットとトリュフを飾る。

フォワグラ、オニオン・キャラメリゼとパンのムース、パルメザンの泡

カラー写真は34ページ

材料
フォワグラのマリネ（10人分）
　鴨のフォワグラ……1個
　牛乳、ミネラルウォーター……各500ml
　塩……40g
キャラメリゼしたオニオンのコンソメ
　玉ねぎ……10個
　ピュア・オリーブオイル……適宜
　コンソメ……2ℓ
　卵白……200g
　塩……適宜
パンのムース（出来上がりは1ℓ）
　薄力粉……100g
　35％生クリーム……40g
　牛乳……800g
　イナアガーF（ゲル化剤）……3g
　塩、白こしょう……各適宜
パルメザンの泡（出来上がりは600g）
　パルメザン・チーズ……200g
　水……1ℓ
　レシチン……適宜
グレープシードオイル……適宜

作り方
フォワグラをマリネする
1　フォワグラの大きなほうを3等分、小さなほうを2等分し、それぞれさらに2等分する。
2　牛乳、ミネラルウォーター、塩を30〜35℃に温め、1を1時間漬け込む。
3　水気を取り、冷蔵庫で風を当てながら冷やし、表面を乾かす。
コンソメ、ムース、泡を用意する
1　薄切りの玉ねぎをオリーブオイルで炒めてキャラメリゼする。
2　冷たいコンソメを注ぎ、泡立てた卵白を加えて、沸騰したら弱火で煮込んで澄ませる。
3　シノワで漉し、味を見ながらちょうどいい濃さまで煮詰め、塩味を調える。
4　パンのムースを作る。薄力粉をバットにできるだけ薄く平らに広げ、280℃のガスオーブンで、かき混ぜながら全体をむらなくきつね色に焼く。
5　4と残りの材料をサーモミックス（加熱機能つきフードプロセッサー）90℃で6分間攪拌する。
6　シノワで漉してエスプーマの容器に入れ、ガスを充填する。
7　パルメザンの泡を作る。テフロン加工の鍋にすりおろしたパルメザン・チーズと水を入れて熱し、80℃を維持して1時間加熱する。
8　紙で漉し、落ちた液体300mlに対して1〜3gのレシチンを加え、バーミックスで泡立てる。
フォワグラを揚げ、仕上げる
1　フォワグラを200℃のグレープシードオイルで揚げ、まわりに膜を作る。
2　油を切って80℃のコンベクションオーブンに入れ、芯温55℃に上げる。
3　皿にフォワグラを盛ってパンのムースを絞り出し、パルメザンの泡をのせ、コンソメを注ぐ。

強火の炭火で焼き上げた脂ののったサバ　バーボンの香りをまとわせて　柚子のコンディマン

カラー写真は40ページ

材料（4人分）
- サバ　800～900gサイズ½尾
- 塩　適宜
- かぶの岩塩包み焼き
  - 岩塩、卵白　各適宜
  - サラダかぶ（サラダ用の品種）　1個
- 生姜のコンフィ
  - 生姜　50g
  - シェリーヴィネガー　250g
  - グラニュー糖　80g
  - 水　適宜
- バルサミコソース
  - バルサミコ酢　適宜
- 柚子クリーム
  - フロマージュ・ブラン　100g
  - 柚子こしょう　7g
  - すりおろした柚子皮　少々
- バーボンウイスキー　少々
- 黒こしょう、シブレット（小口切り）、柚子、オゼイユのマイクロ葉　各適宜

作り方

サバを塩で締め、温燻する

1. サバは三枚におろして両面に塩を強めにまぶし、冷蔵庫で3～4時間締める。
2. 水気をていねいに拭き取り、小骨を抜いて、薄皮をにぐ。
3. 鉄鍋に桜のチップを敷き、上に網を渡して皮を下にしてのせる。強火にかけ、煙が出てきたら蓋をして90秒間燻す。冷蔵庫で冷やしておく。

つけ合わせとソースを作る

1. かぶの岩塩包み焼きを作る。岩塩10に対して卵白1の割合で練り合わせる。
2. かぶがすっぽり埋まるサイズのセルクル型にかぶを皮つきのまま置き、1を詰めて全体を覆う。
3. 180℃のコンベクションオーブンで7分間加熱し、常温で7分間休ませる。岩塩の衣を砕いて取り出し、櫛切りにする。
4. 生姜のコンフィを作る。生姜のせん切りを3回ゆでこぼす。シェリーヴィネガーにグラニュー糖を煮溶かしたところに入れ、煮詰まったら水を足しながら柔らかくなるまで煮込む。
5. バルサミコソースは、バルサミコ酢を¼量になるまで煮詰める。
6. 柚子クリームは、材料を混ぜ合わせる。

サバを炭火で焼き、仕上げる

1. サバのフィレを13cm長さに切り揃え、5mm間隔で切れ目を入れる。串を6本打ち、常温に30分間おく。
2. 皮面にスプレーボトルでバーボンウイスキーを吹きつけ、香りをつける。
3. 強火の炭火の近火で皮面を焼く。皮に香ばしい焼き色がついたら引っくり返し、身の側は温まる程度にさっと焼く。中心温度が50℃になるまで温かい場所で休ませる。
4. 盛りつける直前に再度、皮を炭火で炙って香りを出し、8枚に切り分ける。
5. 皿に4、かぶの岩塩包み焼き、柚子クリームを盛り合わせてバルサミコソースを散らし、サバの上に黒こしょうを挽きかけて生姜のコンフィとシブレットをのせる。全体に柚子皮をおろしかけてオゼイユのマイクロ葉をあしらう。

神奈川県佐島産アマダイの松笠焼き　ジロール、毛ガニ、黄ニラのナージュ仕立て

カラー写真は44ページ

材料（1人分）
- 黒米のフリット
  - 黒米　1合
  - 水　1180mℓ
  - 米油、塩　各適宜
- アマダイのフュメ
  - 昆布だし　1ℓ
  - アマダイの骨　300g
- アマダイ　60gの切り身1枚
- 塩、白こしょう　各適宜
- ピュア・オリーブオイル　適宜
- ソース
  - アマダイのフュメ　100mℓ
  - オカヒジキ（2cm長さ）　5g
  - 黄ニラ（5mm長さ）　2g
  - 九条ねぎ（斜め薄切り）　5g
  - ジロール　10g
  - 毛ガニのほぐし身　10g
  - 葛粉、水　各小さじ½
  - 塩、白こしょう　各適宜

作り方

黒米のフリットとアマダイのフュメを用意する

1. 黒米に同割の水を加え、炊飯器で炊く。
2. 炊けた黒米を水1ℓでどろどろになるまで炊く。粥状になったら冷まし、ミキサーにかけてペーストを作る。
3. シルパットに1mm厚さに伸ばし、80℃のコンベクションオーブンで4時間、乾燥焼きする。
4. 適当に砕いて180℃の米油で2分間揚げ、油を切って塩をふる。
5. アマダイのフュメを作る。昆布だしを中火で沸騰させる。アマダイの骨を加え、再び沸騰したら弱火に下げ、15分間煮込み、紙で漉す。

アマダイを松笠焼きにする

1. アマダイに塩、こしょうをふり、ウロコを包丁で起こしながら⅓量程度を間引きする。こうしてウロコを減らすと、3で油がウロコと皮の間にまわりやすくなる。
2. フライパンにオリーブオイルを1cmほど入れ、強火で煙が立ちはじめるまで（約200℃）熱する。
3. アマダイの皮側から焼く。うろこがきれいに立ち、うろこに接した身がきつね色になるまで、約6分かけて7割がた火を入れる。
4. 引っくり返して油を捨て、身は弱火で1分30秒間、ゆっくり火を通す。

ソースを作って仕上げる

1. アマダイのフュメにオカヒジキ、黄ニラ、九条ねぎ、ジロール、毛ガニを加えて煮込み、水で溶いた葛粉でとろみをつけ、塩、こしょうで味を調える。
2. 皿にソースを敷いてアマダイを盛り、黒米のフリットをまわり一周並べる。

ノドグロのコンフィ　サフラン入りムール貝のソース

カラー写真は48ページ

材料（4人分）
- ノドグロ　切り身4枚
- 塩、白こしょう　各適宜
- ピュア・オリーブオイル　500㎖
- ムール貝　1.4kg
- パセリの軸　3本
- 白ワイン　1本
- サフラン入りムール貝のソース
  - ムール貝の蒸し汁　100㎖
  - サフラン　ひとつまみ
  - 45％生クリーム　40㎖
  - 無塩バター　15g
- カリフラワーのピュレ（出来上がりは500g）
  - カリフラワー　400g
  - 塩　適宜
  - グレープシードオイル　100㎖
- 春菊の泡（8人分）
  - 春菊の粉　大さじ2
  - ムール貝の蒸し汁　少々
  - フォン・ド・ヴォライユ　100㎖
  - レシチン　10g
  - 塩　適宜
- 春菊、エディブル・フラワー　各適宜

＊春菊の粉は塩ゆでし、冷凍した春菊の葉をパコジェットで粉砕したもの。

作り方

ノドグロを短時間コンフィ後、サラマンダーで焼く
1. ノドグロの皮に塩、こしょうし、身に同じ幅に切ったアルミ箔を張りつける。
2. 網にのせてバットに入れ、皮ぎりぎりまでオリーブオイルを張る。
3. プラックにのせ、オリーブオイルを40℃に温める。
4. バットごとサラマンダーの近火で1分間焼く。

ムール貝を白ワインで蒸す
1. 強火で熱した鍋にムール貝とパセリの軸を入れ、白ワインを注ぎ、蓋をして殻が開くまで蒸す。
2. ザルに上げ、蒸し汁は漉して鍋に戻し、再び強火にかけてアルコール分を飛ばす。

サフラン入りムール貝のソースを作る
1. ムール貝の蒸し汁にサフランを加えて沸騰させ、火を止めて蓋をし、しばらくおく。
2. 香りと色が十分に出たら生クリームを加えて濃度が出るまで煮詰め、バターを溶かし込む。

仕上げをする
1. カリフラワーのピュレを作る。塩ゆでしたカリフラワーとグレープシードオイルをミキサーにかける。
2. 春菊の泡を作る。材料全部を合わせて温め、バーミックスで泡立てる。
3. 皿にノドグロのアルミ箔をはがして盛り、ソースと1、2を彩りよく散らす。
4. ムール貝のむき身を蒸し汁の中で温めて1人分につき3個添え、春菊の葉とエディブル・フラワーをあしらう。

サワラのミ・キュイ　地ハマグリと春菊のソース

カラー写真は50ページ

材料（4人分）
- サワラ　幅4cmの切り身4枚
- 塩　適宜
- にんにく油　適宜
- なす　1個
- サラダ油　適宜
- ハマグリのスープ
  - ハマグリ　大4個
  - セロリ昆布だし（111ページ参照）　60㎖
  - ラード　10～20g
  - 無塩バター　100g
  - 押し麦　40g
  - セロリ昆布だし　適宜
  - 下仁田ねぎ　1/3本
  - 春菊のピュレ　20㎖
  - 菜の花　適宜

＊にんにく油は、粗みじんに切ったにんにく500gを2ℓのヒマワリ油と一緒に弱火にかけ、水分が抜けてきつね色になる手前まで煮て香りを移したもの。
＊春菊のピュレは春菊を塩ゆでし、ミキサーがまわる程度のゆで汁と一緒にピュレにしたもの。

作り方

サワラを高温で短時間焼いては休ませる
1. サワラはかたまりのまま1％量の塩で1時間マリネする。
2. 塩を洗い流して水気を拭き、常温に戻す。4cm幅に切り分け、にんにく油を全体に薄く塗る。
3. バーナーで皮を炙って真っ黒になるまで焦がし、温かい場所で15分間休ませる。
4. バットにのせ、300℃のコンベクションオーブンで30秒間焼き、温かい場所で10分間休ませる作業を2回繰り返す。

つけ合わせ、ソースを作って仕上げる
1. なすは皮に切り込みを入れ、160℃のサラダ油で素揚げし、氷水に浸けて急冷する。
2. 皮をむいて包丁で細かく叩く。
3. ハマグリとセロリ昆布だしを鍋に入れて蓋をし、中火にかける。
4. 殻が開いたら取り出し、身は保温しておく。
5. ハマグリの蒸し汁にラードとバターを溶かし込む。
6. 押し麦をセロリ昆布だしでゆで、5に加えて強火で軽く煮る。
7. 押し麦に味がのったらシノワで漉し、細く切った下仁田ねぎとあえる。残った蒸し汁に春菊のピュレを混ぜ合わせ、ソースを仕上げる。
8. 皿にソースを流し、両端を切り落としたサワラを盛る。横に2を敷いて上に押し麦とハマグリをのせ、菜の花をあしらう。

カマスと焼きなすのルーロー　ペリグー・ソース

カラー写真は46ページ

材料（4人分）
- カマス……4尾
- なす……2個
- 塩、白しょう……各適宜
- ペリグー・ソース
  - マデラ酒……1本
  - フォン・ド・ヴォライユ……250g
  - トリュフ、塩、白こしょう……各適宜
- 長ねぎ……½本
- サラダ油……適宜

作り方
カマスで焼きなすを巻いて蒸し、炭火で焼く
1. カマスはうろこを引き、三枚におろす。
2. なすを炭火で黒く焦げるまで焼き、皮をむいて4センチ幅に切る。
3. カマスの皮目に細かい切れ目を入れ、身を上にして塩、こしょうし、2をのせて巻く。
4. ラップで包み、鍋で5分間蒸す。
5. ラップをはずして余分な脂を切り、串を2本打つ。強火の炭火で炙り、皮をパリッとさせる。

ペリグー・ソースを作って仕上げる
1. マデラ酒を半量まで煮詰める。
2. フォンを加え、⅓量までさらに煮詰める。
3. 細かく刻んだトリュフを加え、塩、こしょうで味を調える。
4. 長ねぎをせん切りにし、塩ゆでして水気を切り、180℃のサラダ油で約1分間、きつね色に揚げて油を切る。
5. ソースを敷いた皿にカマスを盛り、長ねぎを添える。

ブフ・ブルギニオン

カラー写真は63ページ

材料（15人分）
- 牛骨つきスペアリブ（6cmカット）……3kg
- 塩、黒こしょう……各適宜
- サラダ油、ピュア・オリーブオイル……各適宜
- マリナード
  - 玉ねぎ……2個
  - にんじん……2本
  - セロリ……3本
  - にんにく……1株
  - ローリエ……2枚
  - 八角……1本
  - クローブ……4本
  - 赤ワイン……2本
  - クレーム・ド・カシス……100㎖
  - マール酒……500㎖
- フォン・ド・ヴォー……2ℓ
- グラタン・ドフィノワ（2人分）
  - メークイン……1個
  - 牛乳、生クリーム……各25㎖
  - 塩、黒こしょう、パルメザン・チーズ……各適宜
- ビーツのキューブ（50人分）
  - ビーツ……1個
  - 赤ワインヴィネガー……100㎖
  - 赤ワイン……400㎖
  - 蜂蜜……大さじ2
  - 塩……適宜
- さやいんげん……1人分1本
- 芽キャベツ……1人分1個
- 無塩バター……適宜
- ベーコン……1人分30g
- ペコロス……1人分1個
- 赤ワイン（ソースの仕上げ用）……1本
- 蜂蜜……適宜

作り方
肉を焼いてからマリネし、煮込む
1. 肉に塩、こしょうし、煮崩れないようタコ糸を2か所かけて縛る。
2. サラダ油とオリーブオイルを同割で熱したフライパンで1を炒め、全体にしっかり焦げ目をつける。
3. 2とマリナードの材料をポットに入れ、冷蔵庫で2日間マリネする。
4. ザルに上げ、液体を鍋に入れて強火で沸騰させ、アクを取り除く。
5. 再度、強火で沸騰させてアルコール分を飛ばす。
6. 別の鍋にオリーブオイルを敷き、ミルポワを強火で炒める。
7. 色がついたら肉、5を加え、沸騰させてアクを取り除き、フォン・ド・ヴォーを加える。
8. 紙で落とし蓋をし、さらに鍋の蓋を閉める。静かにわく程度の火加減を保ちながら45分間煮て、火を止めて常温で45分間冷ます作業を3回繰り返す。
9. 肉を取り出し、煮汁をシノワで漉す。粗熱が取れたら肉を煮汁に戻し、氷水で冷やしておく。

つけ合わせを用意する
1. グラタン・ドフィノワを作る。薄切りにしたメークイン、合わせた牛乳と生クリーム、塩とこしょうを鍋に入れて一度沸騰させる。
2. プリンカップに敷き詰めておろしたパルメザン・チーズをふり、200℃のコンベクションオーブンで表面に焼き色がつくまで焼く。
3. ビーツは皮つきのまま丸ごとアルミ箔で包み、200℃のコンベクションオーブンで串がすっと通るまで焼く。
4. 1.5cmの角切りにして鍋に入れ、残りの材料を加えて沸騰させ、冷ます。
5. さやいんげんと芽キャベツは塩ゆでし、バターで炒める。
6. ベーコンは3cm×8mmの短冊切り、ペコロスは輪切りにし、オリーブオイルで炒める。

ソースを作って仕上げをする
1. 肉を煮汁の中で温めて皿に盛る。
2. ソースを作る。4人分につき煮汁500㎖を中火で100㎖になるまで煮詰める。
3. 味を見て、ほとんど水分がなくなるまで煮詰めた赤ワインを適量と、塩と蜂蜜で味を調え、バター20gを溶かし込む。
4. 肉の横にソースを敷き、グラタン・ドフィノワを添える。
5. ビーツのキューブ、3等分したさやいんげん、芽キャベツ、ベーコン、ペコロスを散らす。

サワラのポワレ　菊芋のソース

カラー写真は56ページ

材料（2人分）
- サワラ……………100gの切り身1枚
- 塩、グレープシードオイル……各適宜
- 菊芋………………………………500g
- 牛乳………………………………適宜
- 白こしょう………………………適宜
- ちぢみほうれん草………………適宜
- ピュア・オリーブオイル、サラダ油………各適宜
- ベニエ生地
  - 卵黄………………………………1個
  - 水………………………………200mℓ
  - 薄力粉、コーンスターチ…各100g
  - ベーキングパウダー……………15g
  - 重曹……………………………1.5g
  - 塩…………………………………少々

作り方

サワラに4段階の火入れをする

1. サワラに塩をふり、15分間常温で締める。
2. 出た水分を拭き取り、グレープシードオイルを敷いた常温のフライパンに皮を下にしてのせ、200℃のオーブンで3分間焼く。
3. 55℃の保温庫に20～30分間入れ、全体の温度を均一に温める。
4. 多めのグレープシードオイルを弱火で熱したフライパンに皮を下にしてのせ、オイルをスプーンですくって何度か上からかけ（アロゼ）、次に200℃のオーブンに2分入れる。この作業を3回繰り返し、芯温を55℃まで上げる。
5. 強火の炭火に網を1枚渡し、皮面を炙ってパリッと香ばしく焼く。裏返し、身側は網を2枚重ねにした上にのせ、炭火の香りがつく程度に軽く炙る。

ソースとつけ合わせを作って仕上げる

1. 菊芋のソースを作る。皮をむいた菊芋を塩入りの牛乳で、柔らかくなるまで中火でゆでる。
2. 刃がまわるぎりぎりの量のゆで汁と一緒にミキサーにかけてピュレにし、塩、こしょうで味を調える。
3. ちぢみほうれん草は葉と根に分ける。葉はオリーブオイル、塩、こしょう入りの湯で1分間蓋をしてゆで、水気を絞る。
4. 根はベニエにする。ボウルに混ぜ合わせたベニエ生地にくぐらせ、180℃のサラダ油で2分間揚げ、油を切って塩をふる。
5. 皿に菊芋のソースを敷いて2等分したサワラを盛り、3と4を添える。

アカハタの蒸し焼き

カラー写真は58ページ

材料（2人分）
- アカハタ…………60gの切り身2枚
- 塩…………………………………適宜
- 水…………………………………適宜
- 日本酒、ピュア・オリーブオイル……各少々
- タイム…………………………1～2本
- 根セロリのピュレ
  （出来上がりは約700～800g）
  - 根セロリ…………………………1個
  - 塩…………………………………適宜
  - りんご……………………………2個
  - 35％生クリーム…………………適宜
- ソース・ブール・ブラン・オー・アンショワ
  （出来上がりは約300g）
  - 白ワイン……………………100mℓ
  - エシャロットのみじん切り……80g
  - 35％生クリーム……………50mℓ
  - 無塩バター……………………200g
  - アンチョビ、ケッパー、レモン汁、
    ピメンデスペレット……各適宜
- 根セロリ……直径3cmの薄切り12枚
- エクストラ・バージン・オリーブオイル
  ………………………………………適宜
- イカ………………5gの切り身2枚
- ムール貝のむき身……………10個
- 酢昆布パウダー、ピメンデスペレット
  ………………………………………各少々
- ディルの新芽、菜の花………各適宜

*ムール貝は白ワインで蒸して殻を開け、むき身にしておく。
*酢昆布パウダーは、乾燥させた酢昆布をミルサーで粉状に挽いたもの。

作り方

アカハタをサラマンダーで加熱する

1. アカハタに塩をふって水分を適度に抜き、身を締める。
2. 鍋に水を張って少量の日本酒、ピュア・オリーブオイルを加え、皮を上にしてのせる。身だけ水分に浸かり、皮は出ている状態に。
3. タイムをのせ、サラマンダーで加熱する。火の高さを調節しながら5割程度火が入ったら取り出し、湯を捨てて常温におき、余熱で6～7割まで火を入れる。表面全体がうっすら白くなり、指で押すと弾力がやや感じられる状態がベスト。

つけ合わせとソースを用意する

1. 根セロリのピュレを作る。根セロリは皮をむいてざく切りにし、くたくたになるまで塩ゆでする。
2. 水気をよく切って鍋に入れ、中火で水分を飛ばす。
3. 皮をむき、薄切りにしたりんごを加え、くったりしてきたら生クリームを加えて軽く煮る。生クリームは濃度を見ながら適量を加えること。
4. ミキサーで撹拌してピュレにし、塩で味を調える。
5. ソースを作る。白ワインにエシャロットを加えて水分がほとんどなくなるまで煮詰める。
6. 生クリームを加えて沸騰させ、バターを少量ずつ加えて乳化させる。
7. ミキサーで細かくしたアンチョビとケッパー、レモン汁、ピメンデスペレットを加えて味を調える。

仕上げをする

1. 丸く抜いた根セロリはさっと塩ゆでし、水気を切ってエクストラ・バージン・オリーブオイルを軽くからめる。
2. イカは2×1cm角に切り、切れ目を入れる。
3. 1人分につき大さじ1杯のソースを強火で熱し、イカを加える。表面に火が入ったら取り出し、ムール貝を加えて沸騰したらすぐ火からはずす。
4. 皿に根セロリのピュレを大さじ1杯敷き、皮をはずしたアカハタをのせて、上に1を並べる。
5. まわりにイカとムール貝をあしらってソースを流し、酢昆布パウダー、ピメンデスペレットをふり、ディルの新芽、菜の花を飾る。

昆布締めした山口県萩市産アマダイ
スミレ香る赤ワインソースとミニ大根のコンフィ　カラー写真は52ページ

材料（1人分）
- アマダイ　60gの切り身1枚
- 塩、昆布　各適宜
- ミニ大根　2本
- 無塩バター　30g
- スミレ香る赤ワインソース（4人分）
  - 赤ワイン　500mℓ
  - ルビー・ポルト酒　200mℓ
  - スミレのエッセンス　3滴
  - 無塩バター　80g
  - 塩、白こしょう　各適宜
- 食用ビオラ　少々

＊アマダイは皮を引いた切り身を使う。
＊昆布は水で湿らせ、ペーパータオルで水気を拭き取ってから使う。

作り方

魚と野菜をウォーターバスで火を入れる

1　アマダイに塩をふり、昆布で挟んで真空パックし、冷蔵庫で3時間締める。

2　真空パックのまま60℃のウォーターバスで約20分間、芯温50℃になるまで加熱する。

3　ミニ大根は皮をむき、バターと一緒に真空パックする。58℃のウォーターバスで1時間30分加熱し、取り出して塩をふる。

ソースを作って仕上げる

1　赤ワインとポルト酒を1/5量まで煮詰める。

2　スミレのエッセンスを加え、冷たいバターを溶かし込み、塩、こしょうで味を調える。

3　皿にソースを敷き、昆布を1枚だけはずしたアマダイ、ミニ大根を盛り、ビオラの花びらを飾る。

ラカン産ピジョンの炭火焼き　その内臓のソース
カラー写真は80ページ

材料（2人分）
- 鳩　1羽
- ジュー・ド・ピジョン（出来上がりは300mℓ）
  - 鳩のガラ　5～6羽分
  - 無塩バター、ピュア・オリーブオイル　各適宜
  - 白ワイン　300mℓ
  - エシャロット　100g
  - 玉ねぎ　50g
  - にんじん、セロリ　各30g
  - にんにく　1片
  - フォン・ド・ヴォライユ　1ℓ
  - トマト　1/2個
  - 粗く砕いた黒粒こしょう　5粒
  - タイム　3本
  - ローリエ　1枚
- つけ合わせ
  - 蕎麦の実　ゆでた状態で1人分30g
  - 塩、エクストラ・バージン・オリーブオイル、無塩バター　各適宜
  - ミックススパイス　少々
  - 青りんご（グラニースミス種）　3個
  - 黒オリーブ　適宜
  - にんにく　1片
  - 塩、白こしょう　各適宜
  - マイクロ野菜の葉　少々
  - フォワグラ・テリーヌ、鳩の内臓　各少々

＊ミックススパイスは、コリアンダーシード、フェンネルシード、白粒こしょう、カルダモン、ナツメッグ、カレー粉をミルサーで挽いたもの。
＊鳩の内臓はフライパンで軽く焼き、コニャックでフランベし、冷やして裏漉したもの。

作り方

鳩の皮を風乾させる

1　鳩をさばき、胸とももに切り分ける。ガラ、首つる、手羽はジュー・ド・ピジョンに利用する。

2　胸、ももの両方とも肉の部分にラップを張りつけて保護する。網の上にのせ、冷蔵庫の送風口など風通しのよい涼しい場所に1時間おいて皮を風乾させる。

ソースベースのジュー・ド・ピジョンを用意する

1　ガラの血合い、内臓を取り除き、手羽、首つるも一緒にハサミで細かくする。

2　同量のバターとオリーブオイルをフライパンに熱し、1を強火で7、8分間炒める。

3　こんがりとした焼き色がついたら油を切り、白ワインを加えて底の旨みを溶かし込み、半量まで煮詰める。

4　別のフライパンにオリーブオイルを入れ、1cm角に切ったエシャロット、玉ねぎ、にんじん、セロリ、にんにくを強火で炒めて香りを出す。

5　鍋に3、4、フォン・ド・ヴォライユを入れて強火にかけ、沸騰したらアクを取り、残りの材料を加えて弱火で50分間煮込む。

6　シノワで漉し、半量に煮詰める。

つけ合わせを用意する

1　蕎麦の実を20分間塩ゆでしてザルにあけ、水気を切ってオリーブオイルをからませる。

2　少量のバターを弱火で溶かしたフライパンで1をソテーし、ミックススパイスをふって味を調える。

3　青りんごを皮つきのまま3cm角に切る。飾り用に細切りを少し取り置く。鍋に入れて蓋をし、180℃のコンベクションオーブンで20分間加熱する。

4　ミキサーに入れ、刃がまわるぎりぎり最小限の水を加え、ピュレにする。

5　裏漉して鍋に移し、50gのバターを溶かし込む。

6　黒オリーブの種を除き、粗みじん切りにする。90℃のコンベクションオーブンに60分間入れ、乾燥させる。

肉をオイルバスで加熱後、炭火で焼く

1　風乾させた胸肉、もも肉を58℃のオイルバスで10分～15分間、芯温50℃に上がるまで加熱する。

2　油をよく切り、ペーパーでぬぐい取る。にんにくの断面を表面全体にこすりつけて香りを移す。特に皮面を念入りに。次に塩、こしょうをふる。

3　炭火で皮面を1分間、引っくり返して身側は30秒間、重しをのせて焼く。重しをすることで皮と身の接着度が強まり、余分な脂が抜けて皮がパリッと焼けやすい。

4　プラックの端で5～8分間休ませる。

ソースを作って仕上げる

1　皿に胸肉、もも肉、つけ合わせを盛り合わせ、マイクロ野菜の葉をあしらう。

2　1人分につき大さじ3杯のジュー・ド・ピジョンを温めて塩、こしょうで味を調え、フォワグラ・テリーヌ、内臓を3:1の割合で合わせたものを少量加え、溶けきる前に皿に流す。

子鳩の唐揚げ

カラー写真は66ページ

材料（2人分）
- 子鳩 ································ 1羽
- 塩、白こしょう ················ 各適宜
- セップ茸パウダー ············ 小さじ2
- にんにくスライス ·············· 4枚
- ピュア・オリーブオイル ····· 80～130ml
- ソース
  - 子鳩のガラ ················· 1羽分
  - にんにく ······················ 1片
  - ピュア・オリーブオイル ······ 適宜
  - 玉ねぎのみじん切り ········ 1/5個分
  - にんじん 1.5cm厚さのスライス3枚
  - セロリ ························ 2cm
  - 赤ワイン ···················· 300ml
  - 鴨のフォワグラ ·············· 10g
  - 子鳩のレバー ·············· 1羽分
  - 無塩バター ··················· 10g
  - 塩、黒こしょう ············ 各適宜
- ピュア・オリーブオイル（揚げ油） ···· 300ml
- にんにく ························ 1片
- アーモンドプードル ············ 適宜
- 粗く砕いた黒粒こしょう、フルール・ド・セル ························ 各少々

＊セップ茸パウダーは、乾燥のセップ茸をミキサーにかけて粉末にしたもの。

作り方

子鳩の胸肉をマリネし、もも肉をコンフィにする

1　子鳩をさばき、胸肉、もも肉、ガラ、レバーに分ける。

2　胸肉に塩、こしょう、セップ茸パウダーをふり、にんにく、オリーブオイル30mlと一緒に真空パックし、冷蔵庫で一晩マリネする。

3　もも肉に塩、こしょうし、多めのオリーブオイル（50～100ml）と一緒に真空パックし、85℃のスチームコンベクションで3時間加熱してコンフィにする。

ソースを作る

1　子鳩のガラ、押しつぶしたにんにくを鍋に入れ、オリーブオイルをふり、途中混ぜながら200℃のオーブンで約15分間ローストし、きれいな焼き色をつける。

2　玉ねぎ、にんじん、セロリをオリーブオイルでしんなりするまで炒める。

3　1のガラの油を捨て、2と赤ワインを加え、中火から強火で1時間煮込む。ガラが常に煮汁に浸った状態になるよう、蒸発分を湯で絶えず補う。

4　シノワで漉して約80mlになるまで煮詰める。

5　フォワグラは大きな血管を取り除き、1cm角に切る。

6　4、5、子鳩のレバー、バターをミキサーで攪拌してシノワで漉し、鍋に入れる。

7　弱火で温め、塩、こしょうで味を調えて分離する直前に火からおろす。

胸肉を唐揚げに、もも肉はサラマンダーで焼く

1　押しつぶしたにんにくをオリーブオイルに入れてゆっくり熱していき、香りを移す。

2　マリネした胸肉を真空パックから取り出し、常温に戻してからアーモンドプードルをごく薄めにまぶす。

3　1のオリーブオイルを200℃まで熱してにんにくを取り出し、胸肉を約45秒間揚げる。

4　油を切り、50℃程度の場所で5分間休ませる。

5　もも肉はオリーブオイルを切ってフライパンにのせ、サラマンダーの遠火で5～10分間焼き、美しい焼き色をつける。

6　半分に切った胸肉、もも肉を皿に盛り、粗く砕いた黒粒こしょうとフルール・ド・セルをあしらい、ソースを流す。

アズキハタのロースト　かぶのコンソメ

カラー写真は54ページ

材料（10人分）
- アズキハタ ········· 1.5kgサイズ1尾
- 塩 ································ 適宜
- かぶのコンソメ（10人分）
  - 聖護院かぶ ···················· 1/2個
  - ベーコン ······················ 10g
  - 柚子皮 ························ 1片
  - 水溶き葛粉 ···················· 適宜
  - 塩、白こしょう ············ 各適宜
- 白こしょう、澄ましバター ···· 各適宜
- 百合根、オータムポエム（アスパラ菜）
  ································ 各適宜

作り方

皮のコラーゲンをゼラチン化する

1　ハタを丸のまま85℃の湯で7～8秒間加熱する。上げたらすぐ氷水に浸して冷やし、身に火が入らないようにする。

2　うろこを引き、頭と内臓を取り除いてフィレにおろす。塩をふって冷蔵庫で半日締め、余分な水分を抜く。

聖護院かぶでコンソメを作る

1　かぶを角切りにし、ジューサーにかけてジュースを絞る。ベーコンはフライパンで炒めて脂を抜き、表面に焼き色をつける。

2　ジュースを中火で温め、沸騰したら弱火に落としてアクを取り除く。

3　ベーコンと柚子皮を入れて蓋をし、火を止めてアンフュゼ（煎じる）する。ベーコンと柚子のよい香りがジュースに移ったら紙で漉し、鍋に戻す。

4　弱火で温めながら水溶き葛粉でとろみをつけ、塩、こしょうで味を調える。

ハタをプランチャで焼く

1　ハタは1人分につき60gの切り身に切り分けて塩、こしょうする。

2　プランチャ（鉄板）にオーブンペーパーをのせて多めの澄ましバターを敷き、皮側から中火で焼く。最初の30秒間は上から押さえて皮が収縮して身が反るのを防ぎ、落ち着いたら重しをはずして4～5分、皮をパリッと焼き上げる。

3　引っくり返し、身側をプランチャの端で30秒間焼く。

4　網にのせて温かい場所で5分間休ませる。提供前に190℃のコンベクションオーブンで1分間焼き、プランチャで皮面をパリッとさせる。

5　コンソメを張った皿に盛り、塩ゆでした百合根とオータムポエムを添える。

足寄町石田めん羊牧場サウスダウン種仔羊肩肉のロティ モン・サンミッシェル産ムール貝

カラー写真は68ページ

材料（8人分）
- 仔羊骨つき肩肉　1本
- 塩、白こしょう　各適宜
- 焼きトマトパウダー（市販）　ふたつまみ
- サフランオイル　100㎖
- ローズマリー、タイム　各1本
- ムール貝のジュー
  - 水　1ℓ
  - ムール貝　1.5kg
- ムール貝とサフラン風味の泡ソース（10人分）
  - ノイリー酒　100㎖
  - エシャロット（みじん切り）　10g
  - サフラン　ひとつまみ
  - ムール貝のジュー　200㎖
  - 38％生クリーム　20㎖
  - 無塩バター　20g
- 黒にんにくのピュレ（出来上がりは150g）
  - なす　3個
  - 黒にんにく　2株
- コリアンダーの新芽　少々

＊サフランオイルは米油100㎖にサフランふたつまみを漬け込んだもの。

作り方

肩肉のかたまりを芯温62℃にローストする

❶ 肩肉は常温に戻し、バットにのせる。塩、こしょう、焼きトマトパウダー、サフランオイルをこすりつけ、ローズマリーとタイムの葉をまぶす。

❷ 150℃のコンベクションオーブンで1時間、芯温62℃になるまで加熱する。

ソースとつけ合わせを作る

❶ まずムール貝のジューをとる。鍋に水をわかし、ムール貝を加え、殻が開いたらすぐにザルにあける。液体がジュー、むき身はつけ合わせに使用する。

❷ ノイリー酒にエシャロットとサフランを加え、1/5量に煮詰める。

❸ ムール貝のジューを加え、半量まで煮詰め、生クリームを加える。

❹ 味を見て足りなければ塩で調え、バターを加えてハンドミキサーで攪拌して泡状にする。

❺ なすは直火で炙って真っ黒に焦がし、皮つきのまま皮をむいた黒にんにくと一緒にミキサーにかけ、裏漉す。

仕上げをする

❶ 仔羊の肩肉を1人分につき80gに切り、中火にかけたフライパンで油を敷かずに表面に焼き色をつける。

❷ 余白に焼きトマトパウダー（分量外）を薄く敷いた皿に盛り、ムール貝のむき身5個、ソースを散らし、黒にんにくのピュレを添え、コリアンダーの新芽を飾る。

熟成シカのロティ　ビーツのソース

カラー写真は74ページ

材料（1人分）
- シカ内もも肉　150g
- 塩、粗く砕いた黒粒こしょう、にんにく（薄切り）　各適宜
- ピュア・オリーブオイル　100㎖
- ビーツのソース（4～5人分）
  - ビーツ　1個
  - 水　少々
  - シカのフォン　1ℓ
  - 蜂蜜　10㎖
  - 粗く砕いた黒粒こしょう　大さじ1
  - 塩　適宜
- 柿　1/2個
- 白バルサミコ酢　15㎖
- エシャロット、にんにく（みじん切り）　各少々
- グレープシードオイル　適宜
- シャントレル　10g
- 飽和食塩水　少々
- ビーツ　少々

作り方

シカ内もも肉を真空で2週間熟成させる

❶ 余分なすじと脂を取り除いたシカ肉に塩をし、黒粒こしょうとにんにくをまぶし、オリーブオイルと一緒に真空パックにする。

❷ 冷蔵庫で2週間熟成させる。

ビーツのソースを作る

❶ ビーツは皮をむき、少量の水と一緒にミキサーにかけてジュースを作る。

❷ 鍋に漉し入れて、強火で1/3量まで煮詰める。

❸ シカのフォンを加え、約半量まで煮詰める。

❹ 別の鍋で蜂蜜と黒粒こしょうを焦げない程度に、香りが立つまでキャラメリゼする。

❺ ❹に❸を加え、濃度を見ながら煮詰め、塩で味を調える。

つけ合わせを用意する

❶ 柿を白バルサミコ酢と一緒に真空パックし、冷蔵庫で2時間マリネする。

❷ エシャロットとにんにくをグレープシードオイルで香りが出るまで炒め、シャントレルを加えてさっと炒めて塩をふる。

肉を芯温58℃まで加熱して仕上げる

❶ 肉を真空パックから出し、オイルをつけたまま鍋に入れ、200℃のオーブンで3分間加熱しては出し、ストーブに網を敷いた上にのせてじんわり温める。この作業を数回、肉を押してみてある程度の張りと弾力が感じられるまで繰り返す。

❷ 55℃の保温庫で30～40分間、芯温55℃になるまでゆっくりと温める。

❸ 再度200℃のオーブンに入れ、芯温58℃に上げる。

❹ 肉の表面を削り取ってソースを敷いた皿に盛り、飽和食塩水をかけ、粗く砕いた黒粒こしょうをふる。

❺ シャントレル、薄切りにした柿、スライサーで薄く削いだビーツを添える。

ひな鶏とオマールの低温調理　クレーム・ド・オマールとオゼイユ

カラー写真は70ページ

材料（1人分）
クレーム・ド・オマール（出来上がりは1ℓ）
- ピュア・オリーブオイル……適宜
- にんにく……10片
- 玉ねぎ……2個
- にんじん……1本
- セロリ……2本
- ポワロー……1本
- トマト……3個
- トマトペースト……50g
- オマールの頭と殻……5kg
- サフラン……2g
- 白ワイン……180mℓ
- 水、フォン・ド・ヴォライユ……各2.5ℓ
- 白粒こしょう、コリアンダーシード……各10粒
- ローリエ……1枚
- コニャック……適宜
- 47％生クリーム……180mℓ
- 塩……適宜
- 無塩バター……1人分20g

ムース（出来上がりは約200g）
- 帆立貝柱……大5個（約100g）
- 卵白……1個分
- 47％生クリーム……90mℓ
- オマールの身（1cmの角切り）……1尾分
- ピスターシュ（ローストして粗みじん切り）……適宜
- 塩、カイエンヌペッパー……各適宜

- ひな鶏の胸肉……1枚
- 塩……適宜
- ミニジロール、丹波しめじ、原木しいたけ……各10g
- ラード……適宜
- エシャロットのみじん切り……10g
- フォン・ブラン……10mℓ
- 無塩バター……30g
- 百合根、オゼイユ……各少々

*ムース用のオマールは、殻つきで1分間塩ゆでして氷水で急冷し、熱が取れたら素早く殻をはずして刻む。

作り方

クレーム・ド・オマールを用意する

1 オリーブオイルでにんにくを炒めて香りを出す。

2 2cm角に切った玉ねぎ、にんじん、セロリ、ポワローを加えて炒め、薄く色づいたらざく切りのトマト、トマトペーストを加え、トマトを崩しながら炒め合わせる。

3 オマールの頭と殻を加え、さらに炒める。色が変わって臭みが飛んだらサフラン、白ワインを加えて煮立てる。

4 水とフォンを加えて沸騰させ、アクを取って白粒こしょう、コリアンダーシード、ローリエを加え、ときどきアクを引きながら弱火で1時間煮込む。

5 ムーランで殻をつぶしながら漉し、鍋に戻して半量になるまで煮詰める。

6 コニャックと生クリームを加えて煮立て、目の細かいシノワで漉し、塩で味を調える。

7 盛りつけ前に、1人分大さじ1杯の6に対してバター20gを溶かし込んで仕上げる。

胸肉にムースを挟んで真空パックで加熱

1 帆立貝柱と卵白をフードプロセッサーですり身にし、網で漉す。

2 ボウルを氷水に当て、濃度を見ながら生クリームを加えて練り、残りの材料を混ぜ合わせる。

3 胸肉の皮をはがし、切り開いて内側に塩をふり、ムース20～30gをのせて挟む。

4 ラップで包んで形を整え、真空パックにする。

5 60℃のスチームコンベクションで45分間加熱し、芯温60℃に上げる。

6 皮は余分な脂とすじを取り除き、塩をふる。

7 250℃のプランチャ（鉄板）で外側から重しをのせて焼く。きつね色になったら裏返し、同様に焼く。

つけ合わせを作って仕上げをする

1 ミニジロールは2等分、しめじは傘だけにカット、しいたけは8等分し、ラードを薄く敷いたフライパンで炒める。強火で色づけたらエシャロット、フォン・ブランを加えてからめ、塩をしてバターを溶かし込む。

2 皿にクレーム・ド・オマールを敷いて両端をカットした胸肉を盛る。

3 1と塩ゆでした百合根、オゼイユの若葉を添える。

ルー・キャビア

カラー写真は42ページ

材料（1人分）
- ヒラスズキ……100gのフィレ1枚
- 塩、有塩バター……各適宜

シャンパンのソース（6～7人分）
- シャンピニョン（薄切り）……4個
- レモン汁……½個分
- 無塩バター、ピュア・オリーブオイル……各5g
- エシャロット（薄切り）……3個
- シャンパン……400mℓ
- 白ワイン……100mℓ
- フュメ・ド・ポワソン……60mℓ
- 35％生クリーム……50mℓ
- 牛乳……200mℓ
- 無塩バター……10g
- 塩……適宜
- キャビア……適宜

*フュメ・ド・ポワソンは、オリーブオイルで薄切りのミルポワ（玉ねぎ1個、にんじんとセロリ各1本）を炒めたところに白身魚の骨・アラ2尾分を加えて水分を飛ばし、白ワイン200mℓと水1ℓを注ぎ、沸騰したらごく弱火で30分間煮込み、シノワで漉す。

作り方

魚にバターを塗って低温加熱する

1 ごく少量の塩をふったヒラスズキをバットにのせ、ポマード状のバターを塗る。

2 バットにラップをし、55～60度のスチームコンベクションで芯温50℃まで蒸す。

ソースを作って仕上げる

1 シャンピニョンはレモン汁をからませておく。

2 バターとオリーブオイルで1とエシャロットを炒める。

3 しんなりしたら酒類を加えて½量に煮詰める。

4 フュメ・ド・ポワソンを加えて⅓量に煮詰める。

5 生クリームと牛乳を加え、沸騰する直前で火を止め、蓋をして15分間おく。

6 シノワで漉してバターを溶かし込み、塩で味を調え、バーミックスで泡立てる。

7 ヒラスズキのバターを拭き取り、キャビアを上面いっぱいに敷き詰めて皿に盛り、ソースをたっぷり流す。

自家製アンデュイエット　ソース・ポワヴラード

カラー写真は72ページ

材料（15本分）
- 豚大腸 1本
- 豚小腸 1kg
- 豚胃袋 1枚
- ミルポワ
  - 玉ねぎ（2cm角に切る） 2個
  - にんじん（2cm角に切る） 2本
  - セロリ（2cm角に切る） 4本
  - にんにく（横半分に切る） 2株
  - ローリエ 2枚
- 塩漬け豚バラ肉 800g
- エシャロット 2個
- 塩、黒こしょう 各適宜
- 紫キャベツの酢漬け（出来上がりは400g）
  - 紫キャベツ ¼個
  - 赤ワインヴィネガー 100㎖
  - 蜂蜜 大さじ1
  - 赤ワイン、白ワイン 各100㎖
  - 塩 適宜
- ソース・ポワヴラード（出来上がりは500㎖）
  - 豚すじ肉 300g
  - 豚骨 500g
  - 玉ねぎ ½個
  - にんじん ½本
  - セロリ 1本
  - にんにく 1株
  - 水 適宜
  - 蜂蜜 30g
  - 赤ワインヴィネガー 50㎖
  - フォン・ド・ヴォー 1ℓ
  - 粗く砕いた黒粒こしょう 30g
  - 塩、無塩バター 各適宜
- 茸、無塩バター、ベビーリーフ、トリュフ 各適宜

作り方

アンデュイエットを作ってゆでる

1. 大腸は一度ゆでこぼし、流水でよく洗って中も外もきれいにする。
2. 小腸と胃袋、ミルポワの半量を鍋に入れ、たっぷりの水と多めの塩を加えて沸騰させる。
3. アクを取り除き、弱火で40分～1時間ゆでる。
4. ゆで汁に浸けたまま完全に冷まし、ロボクープで粗く刻む。
5. 塩漬け豚バラ肉を粗挽きにし、4と練り合わせる。
6. みじん切りのエシャロットを混ぜ、塩、こしょうで味をつける。
7. 大腸の端をひもで縛り、6を詰める。10cmごとに分割して最後をひもで縛る。
8. たっぷりの湯に残り半量のミルポワを加えて沸騰させ、7を弱火で30分間ゆでる。
9. ゆで汁の中で完全に冷まし、取り出して1本ずつ紙に包んで保存する。

紫キャベツの酢漬けを作る

1. 紫キャベツをせん切りにする。
2. 残りの材料を合わせて沸騰させ、1を加えて中火で水分を飛ばす。キャベツの歯ごたえは残すこと。
3. 一晩冷蔵庫で漬け込む。

ソース・ポワヴラードを作る

1. 豚すじ肉と豚骨を鍋で色づくまで炒める。
2. 1cm角に切った玉ねぎ、にんじん、セロリ、横半分に切ったにんにくとひたひたの水を加え、沸騰したらアクを取り、弱火で3時間煮込む。
3. シノワで漉し、1ℓになるまで煮詰める。
4. 別の鍋で蜂蜜をキャラメリゼし、赤ワインヴィネガーを加えて水分がほとんどなくなるまで煮詰める。
5. 3とフォン・ド・ヴォーを4に加え、500㎖になるまで煮詰めて黒粒こしょうを加える。
6. 供するとき50㎖（3～4人分）に対して10gのバターを溶かし込み、塩で味を調える。

アンデュイエットを弱火でゆっくり焼く

1. 1人分につき30gの茸を強火でさっとバターで炒め、塩、こしょうする。
2. アンデュイエットに塩、こしょうをふり、600ワットの電子レンジに30秒間かける。
3. 熱したフライパンにのせ、ブラックの端でフランパンの温度を130℃に保ち、10～15分間かけて大腸に香ばしい焼き色がつくよう加熱する。
4. 皿にソースを敷いて3を盛り、紫キャベツの酢漬け、茸を添え、ベビーリーフとトリュフのせん切りをあしらう。

蝦夷シカのソテー　バラの香り

カラー写真は86ページ

材料（4人分）
- 蝦夷シカ背肉 60gを4個
- 塩、白しょう 各適宜
- 無塩バター、ピュア・オリーブオイル 各適宜
- にんにく 1片
- ドライローズ、食用の生バラ、柿葉 各適宜
- 粗く砕いた黒粒こしょう 適宜

作り方

シカ肉にバラの香りをまとわせる

1. シカ肉を常温に戻し、塩、こしょうをし、タコ糸で2か所縛って成形する。柔らかい肉を加熱するときは、こうして筋組織を寄せて引き締めると均一に火が入りやすい。また、空気が抜けて熱伝導がよくなる効果もある。
2. フライパンに多めのバター、オリーブオイルを入れ、半分に切ったにんにくを弱火で炒めて香りを出す。
3. 肉を入れて弱火のまま、こまめに肉を返しては油脂をスプーンですくって上からかけながら3～4分間ソテーする。
4. アルミ箔で包んで5分間休ませ、芯温45℃まで上げる。蒸された状態になり、内側にもじんわり火が入っていく。
5. 蓋つきの鍋にドライローズを敷き詰め、生バラの花びらを散らす。中心に柿葉を敷いて肉をのせる。
6. 蓋をして180℃のコンベクションオーブンで約2分間、ローストしてバラの香りを立たせる。この時点では、あくまで香りをまとわせるのが目的。いったん客席に運び、食卓で蓋を開けて立ち上る香りを楽しんでもらう。
7. 鍋を引き上げて、最後の火入れを行う。フライパンでバターをノワゼット色に焦がし、肉を入れる。バターを始終スプーンですくって上からかけながらソテーし、芯温53～55℃まで上げたら完成。

＊皿盛りのさいは、肉を半分に切って粗く砕いた黒粒こしょうをあしらい、カリンのピュレ、姫にんじんのグラッセとハコベの葉、エディブルフラワーを添える。フォン・ド・シュヴルイユを煮詰めてコニャック、ごく少量のローズウォーターで香りづけしたソースを流す。

豚足のマデラワイン煮込み

カラー写真は76ページ

材料（4人分）
豚足	2本
にんにく	2片
クローブ	大1本
マデラ酒	2本
リ・ド・ヴォー	100g
塩、白しょう、薄力粉	各適宜
生セップ茸	大2個
ピュア・オリーブオイル	適宜
ディジョンマスタード	適宜
豚の網脂	適宜
黒こしょう	適宜
サラダ油、無塩バター	各少々
つけ合わせ	
ミニにんじん、ミニビーツ、ミニかぶ、ミニフヌイユ、ミニコリンキー	各5本

作り方

豚足を3日間マリネ後、圧力鍋で煮る

❶ 豚足を縦半割りにし、塩水で3回ゆでこぼす。流水で洗って水気を切る。

❷ 半分に切ったにんにく、クローブを加えたマデラ酒に❶を漬け、冷蔵庫で3日間マリネする。

❸ 圧力鍋に❷をマリネ液ごと入れ、中火にかける。蒸気が出てきたら弱火に落として45分間加熱する。

❹ 火からおろし、鍋を氷水に浸して急冷する。圧力が下がったら蓋を開け、氷水からはずして常温でゆっくり冷ます。

豚足に詰めものをして煮込む

❶ リ・ド・ヴォーを2cm角に刻み、塩、白こしょう、薄力粉をまぶす。セップ茸も2cm角に刻み、塩、白こしょうをふる。

❷ フライパンにオリーブオイルを敷き、リ・ド・ヴォーを中火で表面をきつね色にソテーして取り出す。

❸ 同じフライパンでセップ茸を強火でソテーする。焦げ目がついたら取り出す。

❹ 豚足を煮汁から取り出し、骨をはずす。

❺ 内側（骨をはずした側）にマスタードをごく薄く塗り、リ・ド・ヴォーとセップ茸を詰める。

❻ ラップを使って成形し、皮で詰めものを包み込む。そのまま冷蔵庫で一晩冷やし固める。

❼ 煮汁も一晩冷やし、表面に浮いた脂をきれいに取り除く。

❽ ❻を網脂で包み、塩、黒こしょう、薄力粉をまぶし、タコ糸で縛って形を整える。❼の煮汁を温める。

❾ 鍋に少量のサラダ油を敷き、豚足を中火から弱火で網脂を溶かしながら全体をきつね色にソテーする。

❿ ❾を煮汁に戻し、弱火で30分間、ゆっくり煮込む。

⓫ 最後、煮汁が濃度がつくまで煮詰まったら塩、黒こしょうで味を調え、ごく少量のバターを溶かし込む。

つけ合わせを作って仕上げる

❶ ミニ野菜類は皮をむいてさっと塩ゆでする。

❷ 皿に豚足と❶を盛り合わせ、ソースをかける。

ブレス産子鳩のフリット　セップ茸　アバのクーリ

カラー写真は84ページ

材料（1人分）
子鳩	½羽
塩麹、ジュー・ド・トリュフ	各30g
トリュフオイル	5g
チュイル・ショコラ（30枚分）	
無塩バター、粉糖	各70g
卵白	80g
薄力粉	160g
ココアパウダー	20g
カカオニブ	適宜
アバのクーリ（4人分）	
鳩のジュー	200ml
ジュー・ド・トリュフ	100ml
鳩のレバー	1羽分
38％生クリーム	50ml
塩、黒こしょう	各適宜
生セップ茸	1個
無塩バター	適宜
塩、白こしょう	各適宜
米油、粗く砕いた黒粒こしょう、岩塩	各適宜
ハコベの葉、生セップ茸（飾り用）	各少々

作り方

鳩をマリネ後、加熱して乾かす

❶ 鳩はもも以外の骨をはずして一枚開きにし、2等分して半羽を1人分として使う。手羽先は切り落とす。

❷ 塩麹、ジュー・ド・トリュフ、トリュフオイルを混ぜ合わせ、鳩にまぶして真空パックする。

❸ 冷蔵庫で3時間マリネする。

❹ 58℃のウォーターバスで約30分間、芯温51℃まで加熱する。

❺ 袋から出して水気を拭き取り、冷蔵庫の風通しのよい場所で半日乾かす。

チュイル・ショコラを焼く

❶ ポマード状にしたバターに粉糖を加え、すり混ぜる。

❷ 卵白を混ぜ合わせる。

❸ 薄力粉とココアパウダーをふるい入れ、合わせてひとつにまとめる。

❹ 1mm厚さに伸ばし、セップの形に抜く。シルパットにのせてカカオニブをふり、170℃のコンベクションオーブンで9分間焼く。網にのせて冷ます。

クーリとつけ合わせを作り、鳩を揚げる

❶ 鳩のジュー、ジュー・ド・トリュフを合わせて半量に煮詰める。

❷ 鳩のレバーを加えて中火で火を通す。

❸ ミキサーにかけてシノワで漉し、生クリームを加えてひと煮立ちさせ、塩、こしょうで味を調える。

❹ セップ茸は縦に2等分する。フライパンにバターを強火で溶かし、ノワゼット色になったらセップ茸を入れて香ばしくソテーし、塩、こしょうする。

❺ 米油を180℃に熱し、鳩を5分間、からりと揚げる。

❻ 油を切って皿に盛り、黒粒こしょうと岩塩をふる。

❼ ❸を流し、❹とチュイルを添え、ハコベの葉と薄く削ったセップ茸を飾る。

マダム・ビュルゴーのシャラン鴨胸肉のロティ・ブレゼ オリーブ・リュック風味

カラー写真は78ページ

材料（3人分）
オリーブ・リュック風味のソース
- 赤ワイン……………………500ml
- ルビー・ポルト酒…………200ml
- グラニュー糖………………50g
- 粗く砕いた黒粒こしょう　ふたつまみ
- シェリーヴィネガー………15ml
- ジュー・ド・カナール……50ml
- オリーブ・リュック（グリーン）…50g
- シャラン鴨胸肉……………1枚
- 塩、白こしょう……………各適宜
- ミニにんじん………………10本
- オレンジジュース…………500ml
- 蜂蜜…………………………31g
- にんじんの葉、米油、粗く砕いた黒粒こしょう……各適宜

作り方
肉をソースの中で加熱する

1. ソースを作る。赤ワインとポルト酒を1/5量まで煮詰める。
2. 別の鍋でグラニュー糖、黒粒こしょうを加熱し、焦げる手前でシェリーヴィネガーを加えてガストリックを作る。このうち50gを1に加える。
3. ジュー・ド・カナールを加えて半量になるまで煮詰め、オリーブを加える。
4. 鴨胸肉を鉄のフライパンで皮から弱火～中火で両面がきつね色になるまで焼く。
5. 温かい場所で5分間休ませる。
6. 皮を上にしてバットにのせ、サラマンダーの近火で1分30秒間加熱する。
7. 温かい場所で4分間休ませ、方向を180度変えてサラマンダーの近火で1分30秒間加熱する。この作業を合計4回繰り返す。
8. 肉をソースの中に入れて蓋をし、沸騰しないようにごく弱火で、ときどきソースをスプーンですくって上からかけながら15分間ブレゼする。塩、こしょうで味を調える。

つけ合わせを作って仕上げる

1. 皮をむいたミニにんじんをオレンジジュースと蜂蜜、塩、こしょうで水分がほとんどなくなるまで煮込み、ピカピカに照りよく仕上げる。
2. にんじんの葉を150℃の米油で素揚げし、油を切って塩をふる。
3. 皿にソースを敷いて四角く切った肉を盛り、粒こしょうをふる。
4. 1と2、ソースのオリーブを添える。

ブレス産若鶏を2種の調理法で

カラー写真は82ページ

材料（2人分）
もも肉のキャベツ包み
- ブレス鶏もも肉……………1本
- ちりめんキャベツ…………1枚
- 塩……………………………適宜
- 活オマール…………………1/2尾
- 鴨のフォワグラ……………20g
- シャンピニョン・デュクセル…20g
- ピスターシュ（粗みじん切り）、松の実……各少々
- フィーヌ・ゼルブ（セルフィユ、イタリアンパセリ、シブレット）、キャトル・エピス、コニャック…各適宜
- フォン・ブラン……………50ml
- 無塩バター…………………少々
- ブレス鶏胸肉………………1枚
- 塩、黒こしょう……………各適宜
- かつおだし…………………少々
- 春菊ソース
  - 春菊………………………1把
  - ほうれん草………………春菊の1/3量
  - かつおだし、白醤油、塩…各少々
- 石川芋………………………2個
- サラダ油……………………適宜
- 細かく砕いた黒粒こしょう、岩塩……各少々
- 春菊スプラウト、菊花……各適宜

作り方
もも肉をキャベツで包んで蒸す

1. ちりめんキャベツは塩ゆでした後、半分に切って芯を除き、包みやすいよう肉叩きなどで叩いて柔らかくする。
2. オマールは熱湯で1分間、半生状態にゆでる。殻をむき、7mm角に切る。
3. フォワグラも7mm角に切り、冷凍する。
4. もも肉の半量はフードプロセッサーでミンチにし、残りは粗みじんに切る。
5. 2と4、シャンピニョン・デュクセル、ピスターシュ、松の実、フィーヌ・ゼルブ、キャトル・エピス、コニャック、塩を練り合わせ、よく混ざったらフォワグラを加え、ざっと合わせる。
6. 2等分して丸め、それぞれ1で包む。
7. フォン・ブラン、バターを火にかけ、沸騰したら6を入れて蓋をする。弱火でふつふつわく状態を維持し、蒸し煮する。ときどきアロゼ（煮汁を上からかける）する。
8. 中心までほぼ火が入ったら蓋を開け、強火でアロゼしながら一気に水分を飛ばして煮汁に濃度をつける。

胸肉をスチームコンベクションで加熱する

1. 常温に戻した肉の内側だけに塩、こしょうし、ラップで包んで細長い三角形に成形する。
2. ラップに小さな穴をあけてかつおだしと一緒に真空パックする。
3. 58度のスチームコンベクションで加熱し、芯温52度で取り出す。常温で10～15分間休ませ、全体に均一に火を入れる。

ソースとつけ合わせを作って仕上げる

1. 春菊ソースを作る。春菊とほうれん草を塩ゆでし、刃がまわる程度のゆで汁と氷1かけを加え、ロボクープでピュレにする。
2. ピュレを温めながらかつおだしを少量ずつ加え、濃度を調節する。塩で味を調え、仕上げに白醤油を加えてコクを出す。
3. 石川芋は皮をむき、100～120℃のサラダ油で素揚げしておく。盛りつけの直前、200℃のサラダ油でからりと揚げ直し、もも肉のキャベツ包みの煮汁をからめる。
4. 胸肉を真空パックから出し、サラマンダーの端で温めて表面の温度を上げる。色がつかないよう注意。
5. 皿に春菊ソースを敷いて胸肉をのせ、黒粒こしょうと岩塩をふる。
6. もも肉のキャベツ包みと石川芋も盛り、春菊スプラウトと菊花をあしらう。

フォンダン・ショコラ

カラー写真は92ページ

材料
フォンダン・ショコラ
（直径10cmのタルト8個分）
- 全卵 ……………………………… 3.2個
- グラニュー糖 …………………… 50g
- カカオ分70％チョコレート …… 90g
- 無塩バター …………………… 100g
- 薄力粉 …………………………… 48g
- 空焼きしたタルトケース ……… 8個

黒こしょうのアイスクリーム
（出来上がりは1ℓ）
- 牛乳 …………………………… 700mℓ
- 38％生クリーム ……………… 300mℓ
- 黒粒こしょう …………………… 20粒
- 卵黄 ……………………………… 10個
- グラニュー糖 …………………… 240g

プードル・ショコラ
- 水 ……………………………… 450mℓ
- 42％生クリーム ……………… 150mℓ
- グラニュー糖 …………………… 45g
- ココアパウダー ………………… 45g
- カカオ分80％チョコレート … 120g

クランブル・ショコラ
- 無塩バター …………………… 180g
- グラニュー糖 …………………… 120g
- ココアパウダー ………………… 45g
- アーモンドプードル ………… 135g
- 薄力粉 ………………………… 180g

ソース・ショコラ（出来上がりは約500mℓ）
- 牛乳 …………………………… 160mℓ
- 38％生クリーム ……………… 80g
- グラニュー糖 …………………… 140g
- ココアパウダー ………………… 50g
- カカオ分70％チョコレート … 100g
- ピスターシュ …………………… 適宜

作り方

フォンダン・ショコラを200℃で焼く

1. 全卵にグラニュー糖を加え、白っぽくなるまで泡立てる。
2. バターと刻んだチョコレートを湯煎にかけて溶かし混ぜる。
3. 2を1に加えて乳化させ、薄力粉を混ぜ合わせる。
4. 生地を絞り袋でタルトケースに詰める。
5. 200℃のコンベクションオーブンで4分40秒間焼成する。

黒こしょうのアイスクリームを作る

1. 牛乳と生クリームを沸騰させる。
2. 火を止め、刻んだ黒粒こしょうを加える。15分間アンフュゼ（煎じる）し、香りだけを液体に移す。
3. 卵黄とグラニュー糖をすり混ぜ、漉した2を加えて混ぜ合わせる。
4. 鍋に移し、弱火にかけてよくかき混ぜながらとろみが少し出るまで加熱する。決して沸騰させないように。
5. 冷めたら専用ビーカーに500mℓずつ流して−20℃で冷凍し、パコジェット（冷凍粉砕調理器）にかけてなめらかなアイスクリームに仕上げる。

プードル・ショコラ生地を用意する

1. 水、生クリーム、グラニュー糖、ココアパウダーを合わせてわかす。
2. 刻んだチョコレートに少しずつ加えて混ぜ、乳化させる。冷めたら−20℃で冷凍する。

クランブル・ショコラを作る

1. バターをミキサーで撹拌してポマード状にし、さらにまわしながらグラニュー糖、ココアパウダー、アーモンドプードルを加える。
2. 薄力粉を加え、ある程度合わさったら止める。ミキサーから生地を出して手でひとかたまりにまとめ、ビニール袋に入れて冷蔵庫で一晩休ませる。
3. 生地を手でポロポロのそぼろ状にほぐしながら天板に広げる。
4. 180℃のコンベクションオーブンで10〜15分間焼成し、ホロホロサクサクの食感に仕上げる。

ソース・ショコラを作る

1. 牛乳、生クリーム、グラニュー糖、ココアパウダーを混ぜ合わせてわかす。
2. 刻んだチョコレートに少しずつ混ぜ合わせ、乳化させる。

仕上げをする

1. 盛りつける直前、冷凍したプードル・ショコラ生地をパコジェット目盛り1で粉砕し、パウダー状にする。
2. ソース・ショコラを筆で皿に塗り、焼きたてのフォンダン・ショコラをのせる。
3. 黒こしょうのアイスクリームをひとすくい添え、1とクランブル・ショコラを散らし、ピスターシュをおろし金ですりおろしかける。

カヌレ　自己流

カラー写真は94ページ

材料（シリコン型1枚・直径3cm18個分）
- 牛乳 …………………………… 500mℓ
- バニラ …………………………… 1本
- 全卵 ……………………………… 1個
- 卵黄 ……………………………… 3個
- グラニュー糖 …………………… 250g
- 薄力粉 ………………………… 100g
- 無塩バター（型に塗る） ……… 適宜

作り方

生地を作り、一晩寝かせる

1. 牛乳に縦に切れ目を入れてビーンズをかき出したバニラをさやごと加え、沸騰直前まで熱する。
2. 全卵、卵黄にグラニュー糖を白っぽくなるまですり混ぜたところに1を混ぜ合わせる。
3. 薄力粉をふるい入れ、泡立て器で混ぜ合わせてシノワで漉し、バニラのさやを戻して冷蔵庫で一晩休ませる。

4段階焼成で皮をバリッと仕上げる

1. バターを塗ったシリコン型に生地を流し込み、天板1枚の上にのせ、230℃のコンベクションオーブンで7分間焼く。
2. 水を少量張った天板を下に重ね、180度方向に回転させてさらに7分間焼く。
3. 水を張った天板をはずし、網にのせかえ、上にシルパットをかぶせて7分間焼く。
4. そのまま方向を180度回転させてさらに7分間焼く。

5. 型に入れたままいったん常温で冷ます。
6. 型からはずしてシルパットに並べ、網の上にのせて230℃で2分30秒程度焼き、美しい焼き色をつける。場所によって色むらができるので、濃く色づいたものから順に取り出して常温で冷ます。

プティ・ガトー・ショコラとキャラメル、アマレット風味のエスプーマ

カラー写真は90ページ

ガトー・ショコラ（直径2.5cmのシリコン製ドーム型60個分）
- カカオ分58％チョコレート　200g
- 無塩バター　160g
- グラニュー糖　80g
- 全卵　90g
- 20％加糖卵黄　48g
- 黒こしょう　2g
- ナツメッグ　3g
- シナモンパウダー　0.5g
- 薄力粉　30g
- コニャック　30g

ムース・キャラメル（直径2.5cmのシリコン製ドーム型60個分）
- グラニュー糖　275g
- 47％生クリーム　300g
- 20％加糖卵黄　80g
- 牛乳　250㎖
- 板ゼラチン（5倍量の水で戻す）　11g
- 38％生クリーム　300g

チュイル・ダンテル（20人分）
- グラニュー糖、ブラウンシュガー、薄力粉、水、溶かしバター　各25g

シュトロイゼル（20人分）
- 無塩バター　200g
- ブラウンシュガー、グラニュー糖　各90g
- 薄力粉　170g
- 強力粉　80g
- アーモンドダイス　110g
- シナモンパウダー、塩　各3g

メレンゲ・サレ（20人分）
- 卵白　90g
- グラニュー糖　150g
- 塩　4g

ミルクのエスプーマ（20人分）
- 牛乳　250㎖
- グラニュー糖　15g
- 板ゼラチン（5倍量の水で戻す）　3g
- アマレット　15㎖
- ブラックベリー　1人分2個
- エディブルフラワー　適宜

作り方

冷凍した生地を高温で焼く

1. 粗く刻んだチョコレート、バター、グラニュー糖をボウルに入れ、湯煎で完全に溶かして混ぜ合わせ、湯煎からはずす。
2. 全卵と加糖卵黄をよく合わせてから加え、泡立て器で混ぜ合わせる。
3. コシが出てきたら黒こしょう、ナツメッグ、シナモンパウダー、薄力粉を合わせてふるい入れ、ゴムべらで混ぜ合わせる。
4. コニャックを混ぜ合わせ、型に流して冷凍庫で固める。
5. 220℃のコンベクションオーブンで2分30秒～3分間、周囲は固まり中心は完全に火が入らない状態に焼く。
6. 型に入れたまま粗熱を取り、冷蔵庫で冷やす。

ムース・キャラメルを作る

1. グラニュー糖250gをキャラメリゼする。白い煙が立って真っ黒く焦げたら火からはずし、沸騰させた47％生クリームを5回に分けて加え、泡立て器で混ぜ合わせる。
2. 卵黄とグラニュー糖25gをミキサーですり混ぜる。沸騰させた牛乳を少しずつ加えてさらに混ぜる。
3. ゼラチンに1を少量混ぜ合わせ、なじませてから液に戻して溶かし混ぜる。
4. 2のボウルを氷水に当てて冷やしながら3を少しずつ混ぜ合わせる。
5. 38％生クリームを7分立てにし、4に加えて混ぜ合わせる。
6. 型に流し、冷蔵庫で冷やし固める。

チュイル・ダンテルを焼く

1. グラニュー糖、ブラウンシュガー、薄力粉に水、溶かしバターの順で混ぜ合わせ、一晩寝かせる。
2. シルパットに薄く伸ばし、160℃のコンベクション・オーブンで10～12分間、きつね色に焼き上げる。

シュトロイゼルを焼く

1. バターを白っぽくなるまで泡立て、残りの材料をふるい入れる。
2. ロボクープでまわし、ひとかたまりにする。
3. ビニール袋に入れて冷蔵庫で2時間以上休ませる。
4. 手でそぼろ状にほぐしてシルパットに広げ、160℃のコンベクションオーブンで15分間焼く。

メレンゲ・サレを焼く

1. ボウルに材料を合わせ、湯煎にかけて泡立てながら47℃まで温める。
2. ミキサーの高速で泡立て、しっかりしたメレンゲを作る。
3. 直径7mmの丸口金をつけた絞り袋に詰め、シルパットに棒状に絞り出す。
4. 100℃のコンベクションオーブンで色づかないよう3時間以上乾燥焼きする。

ミルクのエスプーマを作って仕上げる

1. 牛乳にグラニュー糖を加えて沸騰させ、ゼラチンに加えて溶かし混ぜる。
2. アマレットを加えて冷ます。これをエスプーマの容器に入れ、ガスを充填する。
3. 皿にガトー・ショコラとムース・キャラメルを1人分につき3個ずつ盛り合わせ、2を絞る。
4. 適当に砕いたチュイル・ダンテル、シュトロイゼル、メレンゲ・サレを散らし、ブラックベリーとエディブル・フラワーを飾る。

撮 影　南都礼子
デザイン　津嶋デザイン事務所（津嶋佐代子）
編 集　オフィスSNOW（畑中三応子、木村奈緒）

アミューズからデザートまで
現代フランス料理の最新加熱テクニック

火入れの探究

発行日　2015年2月10日　初版発行

編 著　旭屋出版編集部
発行者　早嶋　茂
制作者　永瀬正人
発行所　株式会社 旭屋出版
　　　　〒107-0052 東京都港区赤坂1-7-19 キャピタル赤坂ビル8階
　　　　電話　03-3560-9065（販売）
　　　　　　　03-3560-9066（編集）
　　　　FAX　03-3560-9071（販売）

旭屋出版ホームページ　http://www.asahiya-jp.com

郵便振替　00150-1-19572

印刷・製本　株式会社 シナノ パブリッシング プレス

ISBN978-4-7511-1128-4 C2077

定価はカバーに表示してあります。
落丁本、乱丁本はお取り替えします。
無断で本書の内容を転載したりwebで記載することを禁じます。
ⓒ Asahiya-shuppan 2015, Printed in Japan.